MENTE ABERTA & CORAÇÃO TRANQUILO

JÖEL THRINIDAD

Mente Aberta
& Coração Tranquilo

O cotidiano do novo executivo

Como vive, como pensa, como sente

EDITORA
IDÉIAS&
LETRAS

DIRETOR EDITORIAL:
Marcelo C. Araújo

EDITOR:
Avelino Grassi

COORDENAÇÃO EDITORIAL:
Ana Lúcia de Castro Leite

REVISÃO:
Ana Lúcia de Castro Leite

DIAGRAMAÇÃO:
Simone Godoy

CAPA:
Antonio Carlos Ventura

© Idéias & Letras, 2012

Editora Idéias & Letras
Rua Pe. Claro Monteiro, 342 – Centro
12570-000 Aparecida-SP
Tel. (12) 3104-2000 – Fax (12) 3104-2036
Televendas: 0800 16 00 04
vendas@ideiaseletras.com.br
www.ideiaseletras.com.br

Dados Internacionais de Catalogação na Publicação (CIP)
(Câmara Brasileira do Livro, SP, Brasil)

Thrinidad, Jöel
Mente aberta & coração tranquilo: o cotidiano do novo executivo.
Como vive, como pensa, como sente / Jöel Thrinidad.
– Aparecida, SP: Idéias & Letras, 2012.

ISBN 978-85-7698-149-7

1. Executivos – Atitudes 2. Executivos – Conduta de vida 3. Executivos
– Psicologia 4. Executivos – Saúde e higiene I. Título.

12-05623   CDD-658.40019

Índices para catálogo sistemático:

1. Executivos: Aspectos psicológicos:
Administração de empresas 658.40019

Agradecimentos

Dedico este livro primeiramente a Deus, por todas as oportunidades que me concedeu de aprender com cada desafio ao qual fui posto à prova em todos esses anos e com cada profissional com quem troquei experiências ao longo do caminho. Juntos me fizeram construir as experiências que usei para escrever este livro.

Em segundo, a meu doce e amigo pai, pela serenidade com que me ensinou a ver a vida, só perdendo para a velocidade da velha bicicleta, de onde na garupa me ensinou a ter as primeiras noções do mundo onde eu viveria, sob seu olhar cuidadoso e com tão poucas palavras.

A minha mãe, pelo amor tão grandioso, por sua generosidade infinita. Pelos conselhos dos quais eu jamais me esqueci, e nos quais encontro conforto cada vez que a saudade bate.

A Dona Ana e Dona Nice, pelo amor incondicional e pelo direito que me deram de chamá-las também de mãe.

A meus amigos Renato Bertagna e Élcio Mantovani, pela companhia, lealdade e pelas experiências compartilhadas.

E a todos que compreendem que o ser humano precisa mais de apreciação do que só de pão.

Sumário

Palavras Iniciais

Tive muita satisfação em ler o livro "Mente Aberta & Coração Tranquilo", de meu amigo e escritor Jöel Thrinidad, principalmente pela importância que ele dá aos sentimentos dos executivos – experientes ou novatos – ao longo da carreira profissional.

O foco no ser humano é uma das necessidades hoje nas empresas e, de uma forma muito convincente, Jöel remete-nos a uma reflexão sobre os desafios de aliar a vida pessoal e profissional mantendo sempre a sintonia entre mente e coração.

Mas, podemos nos perguntar se vale a pena todo o empenho em alinhar predicados e virtudes tão importantes para nossa vida, mesmo porque esses conceitos são tão novos que ainda causam "certa estranheza".

Essas "pilastras" (predicados e virtudes) são importantes, pois representam nossos valores ou os grandes motivos empíricos de nossa existência. Sem eles não podemos ilustrar nossa vida e não teríamos como atingir o auge de nossa plenitude material e espiritual.

Quais são nossos grandes valores? Quais são os predicados ou virtudes que sustentam nossa vida e acabam por ditar nossas regras de conduta ética e comportamental?

Mais uma vez, vemo-nos diante de um dilema: conhecemos nossos problemas, mas nunca paramos para pensar em relação a valores; nossos pais e professores nunca nos disseram que deveríamos nos preocupar com isso, e lá na empresa, os valores que devemos honrar são os dela, aqueles que aprendemos quando somos contratados ou quando nos obrigam a decorar em encontros ou treinamentos.

Esse é um momento importante em nossas vidas, pois o mundo exige cada vez mais disciplina, solidariedade, respeito ao próximo e empreendedorismo. E nós nos encaixamos em algum desses perfis? Pois bem, esses podem ser alguns de nossos valores pessoais e nem tínhamos notado isso, por causa de tantas coisas que precisam ser resolvidas durante o dia, problemas pessoais, rotina incansável nas empresas e por aí vai.

Algumas pessoas são caridosas, simpáticas e carismáticas. Vivem em função de servir ao outro e promover a felicidade daqueles que estão a sua volta. Logicamente, a servidão e empatia são valores inseparáveis dessas pessoas, pois são essas atitudes que sustentam sua missão e fazem com que se guiem por meio de conceitos alinhados e sólidos.

Em um dos capítulos, o autor diz: "Somos seres completamente dirigidos por sentimentos e esses sentimentos estão intimamente ligados ao nosso sucesso profissional".

Vamos colocar mãos à obra e descobrir quais são nossos grandes motivadores a continuar na busca pela felicidade e não desistir jamais. Não podemos desonrar nossos princípios e corromper o que temos de melhor.

Meus valores pessoais são inspirados por meu trabalho e pela necessidade de alinhar minha vida pessoal com a profissional. Não considero correto separar dois "universos" simplesmente porque não posso misturá-los, ou seja, meu comportamento durante o trabalho não pode ser o mesmo que em casa.

Se tenho sorte no jogo, terei azar no amor e vice-versa. Que estranho isso, pois como ir para o trabalho sabendo que um problema em casa me perturba, ou como ficar tranquilo em casa, sabendo que há uma grande crise na empresa, ou meu "chefe" me fez passar por uma humilhação pública? Isso significa que meus valores no trabalho são diferentes de meus valores na família, por exemplo. Se o bom humor é um deles, então devo escolher onde ficarei bem humorado? Não faz sentido algum esse tipo de comportamento, já que buscamos a unificação do espírito com a matéria, do ser com a alma.

Jöel Thrinidad defende a busca da felicidade e da realização pessoal, servindo ao mundo onde vivemos e a todos a nossa volta. Seu livro norteia nossa conduta e elucida regras comportamentais, ajudando-nos e apoiando nos momentos de insegurança e decepções.

O universo do trabalho e o universo da família devem-se completar, fazendo com que vivamos de forma harmônica e equilibrada, dedicando-nos ao trabalho da mesma forma que nos dedicamos à família e amigos. Não há diferença entre pai, marido, escritor e palestrante – somos todos um só –, e isso é inquestionável.

Muitas empresas ainda não perceberam a importância de fazer valer os valores humanos. A maioria desconhece os valores pessoais de seus colaboradores e não enxergam que sozinhas não chegarão a lugar algum.

Mas, acredito, sinceramente, que esse cenário frio e capitalista está mudando. Estamos nos espiritualizando e buscando um ambiente profissional humanizado, saudável e feliz.

Diante de tudo isso, este livro é de leitura obrigatória para todos que sentem a necessidade de buscar a tranquilidade e de aperfeiçoar o relacionamento humano-corporativo, em função da maior satisfação emocional e espiritual – definitivamente indispensável!

Luiz Gabriel Tiago
"Sr. Gentileza"

Prefácio

O s textos de Jöel Thrinidad falam a nossa mente e a nosso coração. Falam de nosso cotidiano, de nossas perplexidades. Falam daquilo que tanto calamos. Mas, afinal, para que escrever se não for para isso? Para tocar os temas que nos tocam o coração e nos fazem "mentar"? O que importa é isso: abordar e enfrentar os temas relevantes, às vezes incômodos, porém, oportunos.

Sobre esses temas – a solidão humana, a vontade de ser feliz, a ânsia de amar e ser amado, a busca do sucesso, as ilusões, as ambições, os medos... – temos de falar. Ou ficaremos prisioneiros de nossa superficialidade.

"Mentar" é trabalhar com a mente. Não apenas com a razão, que raciona, que nos dá uma razão, alguns pedaços calculados de vida. A mente que trabalha vive "mentando". E mentindo também! Por isso é preciso refletir, escolher as palavras com atenção, com critério, com coragem.

A mente aberta não para de pensar. O exercício de observar, contemplar, interagir, imaginar, relembrar, comparar, idealizar, criticar, desconstruir, reconstruir, inovar, renovar e, de novo, voltar a observar etc., sem perder a tranquilidade do coração.

A mente não cessa de "mentar", mais ainda quando conectada à Idade Mídia. A mente plugada, dialogante, linkada, tudo pode ver, tudo pode comentar. Mas o coração deve permanecer sereno.

A mente corre, pula, voa, penetra, cava, mergulha, sobe, desce, amplia-se, cresce para além de si mesma. A mente transcende. Contudo, com paz no compasso do coração.

Que os textos de Jöel Thrinidad façam com que você, leitor, pense e repense, e ao mesmo tempo, atravessando os caminhos difíceis e acidentados do nosso tempo, saiba manter seu coração ritmado pela esperança.

Gabriel Perissé
Mestre em Literatura Brasileira pela USP,
criador da Escola de Escritores e
coordenador-geral
da ONG literária Projeto Literário Mosaico, que promove
cursos, palestras, com o objetivo de formar leitores e escritores

Introdução

Todos os dias cada um de nós tem o desafio de sair de casa para o trabalho, levando consigo a experiência, a dedicação e muitos sonhos guardados debaixo do braço. No entanto, é impossível cruzar esse caminho sem envolver um ou outro sentimento, senão todos de uma só vez. E quantos desses sentimentos são capazes de influenciar nosso comportamento, interferindo na maneira de pensar, de ver o mundo e em como o mundo também nos vê!

Influenciamos nossa vida e a vida de muitas pessoas com gestos que praticamos, com julgamentos que fazemos e com decisões que tomamos. Um simples "sim" ou "não" pode determinar a vida de uma pessoa para sempre, levando em consideração seus anseios, projetos e planos. Por mais racionais que sejamos, não podemos deixar de admitir que boa parte daquilo que fazemos, fazemos com o coração que nos guia incessantemente.

Mente aberta e Coração tranquilo surgiu da necessidade de falar diretamente com o executivo e para o executivo sobre seus sentimentos e anseios, seus planos, suas frustrações, seus medos, sua solidão, perante um mundo tão competitivo e cada dia mais voraz, tendo de se manter motivado para fazer ultrapassagens bruscas e escaladas perigosas, e passar por riscos eminentes, até alcançar a almejada realização profissional.

Durante anos os escritórios viveram enfurnados numa ditadura militar comandada por chefes durões, exigentes e autoritários, criada com o advento da Revolução Industrial nas últimas décadas do século XIX e que era tida como modelo próspero de gestão. Assim como o nepotismo e o favorecimento ilícito, que aproximavam demais as relações entre empregador e empregados.

A relação entre funcionários e patrões era quase que feudal, tratados como membros da família que faziam parte dos negócios. E acabavam trocando salários e benefícios por prestígio, confidencialidades, confiança, compartilhamento de opiniões e julgamentos, tornando as relações personalizadas para uns e um inferno para outros. Ganhar o mérito de ter a atenção do chefe era a meta que valeria muito mais que a participação nos lucros e resultados da organização. Ainda mais quando era possível casar-se com a filha do chefe e assumir uma filial da empresa em outro lugar. Um modelo de vantagem que infelizmente pouco ou nada mudou nos dias de hoje.

Assim eram identificados os profissionais de sucesso do passado, por serem respeitados e dignos de pertencer à classe média da época. Na categoria dos profissionais de sucesso merecedores de autoridade, estabilidade, perspectivas de crescimento estavam os contadores, secretárias, caixas de banco, arquivistas, telefonistas, datilógrafos e profissões afins. Hoje, o perfil do executivo mudou, atingindo os coordenadores, gerentes, diretores e grandes líderes, com focos em resultados mais abrangentes, com relações mais pragmáticas e menos afetivas.

No século passado, em que a burocracia havia sido adotada e esta era completamente governada por hierarquias pouco funcionais e metodologias incompreensíveis para os dias de hoje, as empresas cresceram, expandiram seus produtos, associaram-se em aglomerados grupos de negócios e dividiram-se em departamentos, setores e seções, substituindo o distanciamento de relações pessoais pela disciplina impessoal, valorizando o trabalho de pessoas mais instruídas e mais bem pagas, excluindo-as dos assuntos que poderiam ser tratados diretamente com profissionais menos instruídos e com remuneração e prestígios inferiores.

Em comparação com o passado, em que havia um incentivo natural para atividades repetitivas, eliminando do funcionário o ato de pensar, poucas coisas evoluíram, como na questão da desconstrução de mitos hierárquicos, em que o chefe é a única pessoa constituída de opinião e veto dentro dos escritórios, e, muitas vezes, até responsável pela desqualificação dos profissionais, não levando em consideração a inteligência, as emoções, a afetividade, a criatividade e a espontaneidade.

Com o advento da tecnologia, que mudou a forma de compartilhar informações, de integrar os dados e as pessoas e de polarizar os meios de atuação, até a pressão passou a ser democratizada. Hoje, o peso vai tanto para o de cima quanto para o debaixo, e ambos sofrem com os prazos, com as metas e com a balança comercial lá do Japão. A mudança por que passa o mundo corporativo faz com que os escritórios se tornem ambientes de formas arredondadas, para que ninguém se esconda pelos cantos, tornando-se mais prático, versátil, funcional e, por vezes, frio.

Passamos então a contar com profissionais de RH para ajudar na conscientização de gestores e líderes sobre o lado humano dos profissionais, complementando com apoios na profissão, coaching, qualidade de vida e projeção de carreira; no entanto o mercado está cada vez mais agressivo, e a cada nova estação, uma nova geração se antecipa com cobranças, objetivos e resultados. Novas vendas, novos negócios, novos produtos, antigos problemas. Quanto maior o posto, mais as cobranças se elevam e mais do profissional é exigido.

A vida pessoal, a vida familiar, a vida social, a vida afetiva, a vida profissional e a vida religiosa fazem parte das seis vidas do executivo, e ele precisa saber individualizá-las, mantendo cada pilar devidamente alinhado e firme, enfrentando os problemas de frente, tomando decisões, projetando o futuro, sem deixar de dar valor às experiências que o cercam e influenciam diretamente em sua própria satisfação e consequentemente em sua felicidade.

Serão todos esses os temas que abordaremos em *Mente aberta e Coração tranquilo*. Em cada capítulo abordaremos as situações, as reações e como lidamos com o que acontece a nossa volta a todo momento, compreendendo e fazendo compreender que todas as mudanças pelas quais passamos individualmente nos servem de exercício do fino trato de lidarmos uns com os outros.

É impossível não considerarmos o fato de que para alcançar a realização profissional, a carreira e o sucesso, o executivo precisa manter a mente aberta, buscar o aprimoramento e o aperfeiçoamento, compreender as novas ideias, as novas tendências, sem deixar de acompanhar de perto os relacionamentos interpessoais que o ajudarão nessa empreitada; mantendo o coração tranquilo para poder enfrentar os desafios de cabeça e ombros erguidos, encontrando o equilíbrio e entendendo que se aborrecer não faz parte de seu trabalho, mas sim manter a disciplina todos os dias do mês, 365 dias no ano.

O executivo de hoje compreende as mudanças por que o mundo corporativo passa, entende a chegada das novas gerações e percebe a evolução que terá de manter para não ficar para trás, e isso o ajuda a perceber que não só o trabalho faz parte de seu dia a dia, mas também as alianças que forma com cada pessoa que divide com ele o objetivo de cumprir o que é esperado, sem deixar de viver os laços afetivos, sociais e familiares que fazem parte da vida desse profissional do futuro.

O amor, assim como o exemplo, para ser verdadeiro, tem de doer.
Não basta dar o supérfluo a quem necessita, é preciso dar
até que isso nos machuque. (Madre Teresa de Calcutá)

Os desafios da vida corporativa

E quando vejo,/ a vida espera mais de mim/ mais além, mais
de mim/ O eterno aprendizado é o próprio fim...

(Jorge Vercilo)

As nuances que permeiam a vida corporativa têm valores que não são fáceis de se definir nos dias de hoje. As cobranças, as pressões, as inúmeras exigências que são impostas ao novo executivo são maiores do que no passado. Hoje não se trabalham apenas estatísticas como regra definitiva para o futuro, mas um modelo de gestão com mais conteúdo, preparado para mudanças contínuas e cada vez mais severas, exigindo uma rapidez de entendimento e um estresse considerável para dar conta de tudo.

Com seus altos e baixos, e sempre com foco no resultado, o executivo nos dias de hoje precisa estar "antenado" nos principais acontecimentos que influenciam sua vida direta ou indiretamente, mantendo o equilíbrio entre corpo e espírito, na mesma sintonia de mente sã e corpo são. A necessidade de aprender a lidar com uma vida profissinal cada dia mais intensa, sem deixar de lado a vida pessoal, na qual estão inclusas a vida pessoal, a vida familiar, a vida afetiva e a vida social, não é fácil.

A cada ano que passa nos deparamos com uma realidade fria e solitária vivida por muitos, advinda de milhares de outros executivos que, como nós, trilham os mesmos caminhos do discernimento e da aceitação de que, para cada estágio do sucesso, uma dose a mais de desafio vai se adicionando à vida como um item indispensável em uma escala profissional. O que não deveria acontecer, mas parece que é uma condição perfeitamente aceitável, a qual não se pode evitar, uma vez que a cobrança por resultados aumenta a cada novo desafio; por isso é importante desde cedo sabermos aonde querermos chegar e qual será a carga de energia que teremos quando estivermos lá. É quase que estratégico escolher bem a carreira, projetando os ganhos e um estilo de vida que contemple as outras vidas que citei acima, do contrário comprometeremos a saúde e todos os planos futuros perfeitamente sustentáveis.

O executivo de hoje tem de saber lidar com a cobrança do mercado e como esse mercado reage diante do cenário mundial, com um chefe cada dia menos tolerante, com colegas de trabalho cada vez mais competitivos e com objetivos que não deixam muito claros os valores de ética e resultados.

Um estudo recente realizado pela psicóloga Betânia Tanure, e pelos pesquisadores Antônio Carlos Neto e Juliana Oliveira Braga, indicou que 84% dos executivos são infelizes no trabalho, 76% deles acessam e-mail profissional fora do horário de trabalho, 58% acham que os cônjuges estão descontentes com o ritmo excessivo de trabalho deles, 55% vivenciam uma mudança radical no trabalho, 54% estão insatisfeitos com o tempo dedicado à vida pessoal e 35% apontam problemas com o chefe como a crise mais marcante de suas vidas. Professora associada da Fundação Dom Cabral e mestre convidada do Insead (França) e da London Business School, autora de sete livros na área de negócios e membro dos conselhos de administração da Gol e da Medial Saúde, Betânia Tanure e seus colegas entrevistaram pessoalmente 263 presidentes, vice-presidentes e diretores de grandes empresas nacionais. O estudo visava justamente entender qual o grau de satisfação dos executivos com sua vida atual, envolvendo aspectos pessoais e também de sucesso, e para surpresa de todos, ou não, foi apontada uma angústia profissional beirando o desespero, partilhada por muitos executivos, como alguém que chegou sozinho no topo do mundo, carregando todas as pedras que encontrou pelo caminho.

Para chegar à conclusão de que 84 de cada 100 altos executivos brasileiros são infelizes no trabalho, os pesquisadores combinaram dois índices de avaliação. O primeiro, chamado Índice Global de Satisfação, considera variáveis como as horas trabalhadas, o grau de satisfação com os chefes e subordinados, os níveis de cobrança por resultados e os sistemas de recompensa, entre outros. O segundo critério, denominado Índice Global de Sensações e Atitudes, avalia o grau de ansiedade, insônia, problema familiar, desânimo e consumo de bebidas alcoólicas, entre outros aspectos relacionados à vida pessoal. Depois de cruzados esses dados, com os respectivos pesos, foram considerados infelizes aqueles executivos cujos indicadores negativos sobrepujavam os positivos, segundo a Época Negócios.

Apesar de a ascensão profissional ser uma meta importante, ela não pode ser maior que o indivíduo, comprometendo seu estado físico e mental, não importando a área de atuação, e a satisfação precisa trabalhar a favor de uma vida plena de bons resultados e êxitos que não tirem de nós o sossego, que também é necessário. A busca por esses resultados nem sempre reflete o grau de satisfação desejado e a busca pela conciliação entre realização profissional e vida pessoal se torna um sonho nem sempre fácil de se alcançar com as poucas horas de sono para descansar.

Não podemos esquecer que antes da vida profissional vêm a vida pessoal, a vida familiar, a vida social, a vida afetiva e a vida religiosa e que todas essas vidas, além de estarem intimamente ligadas, proporcionam o bem-estar que procuramos, uma vez que elas existem bem antes que nossas primeiras preocupações com a carreira ganhassem forma própria e passassem a nós inquietar pelo resto da vida. Somos seres completamente dirigidos por sentimentos, e esses sentimentos estão intimamente ligados a nosso sucesso profissional. Todas as ações, reações e emoções estão alicerçadas no que vemos, pensamos, sentimos e em como agimos, interferindo diretamente em nossa disposição pelo trabalho, na empatia pelas pessoas com que lidamos todos os dias, na afeição pelo que fazemos, assim como no comprometimento com resultado, e isso está presente nas relações sociais que vivenciamos no trabalho em equipe e na relação com outras pessoas.

No entanto, não é de sentimentos bons que a vida corporativa é feita. Existem sentimentos ruins que permeiam o lugar onde ganhamos o pão e que, por mais que os neguemos, porque socialmente não é bonito assumir essa fraqueza, não podem ter sua existência sublimada, deixando de interferir em nosso humor e na disposição de acordar e ir para o trabalho. Tais sentimentos nos tornam inconvenientes, mentirosos, competitivos, arrogantes, insensíveis, invejosos, antissociais, desconfiados e manipuladores.

Quem nunca teve de lidar com alguém assim? Quer seja um colega de trabalho, um chefe ou um subordinado? Seria perfeitamente desejável não termos de conviver com alguém que desperte em nós o sentimento de repulsa, no entanto não podemos negar que isso contribui para nosso crescimento pessoal e profissional. O modo de lidar com momentos e pessoas difíceis deveria estar em um manual específico de sobrevivência, ao lado do manual de lições para a vida, mas infelizmente esse a gente só aprende com a prática, convivendo e atuando todos os dias. Com isso concluímos que as emoções são imprescindíveis nas tomadas de decisões, sejam elas quais forem.

O que quero com tudo isso é focar no ser humano que se divide entre o pessoal e o profissional. No ser que pensa, que sente e sofre com as pressões num mundo tão competitivo, tendo de provar sua competência de forma quase obsessiva e agressiva, impondo-se diante dos outros, reafirmando sua força, seu conhecimento em defesa de seu território, de modo que sentindo medo não enfraqueça, sentindo culpa não desista, sentindo vergonha não pereça, sentindo ciúmes não enlouqueça e desconfiado não se esqueça de que é preciso confiar em alguém.

Ao longo dos doze anos de experiência trabalhando em empresas multinacionais em diversos países, pude perceber, convivendo com profissionais de todos os níveis, inúmeras situações de insegurança pertinentes às funções que exerciam e muitas vezes pela forma de impor e exigir respeito, pressionando, oprimindo, como se essa fosse a forma mais eficaz de comunicação. O mais triste nesse caso foi perceber que quanto maior o posto que o sujeito ocupa, maior é a necessidade de se impor agressivamente perante os outros; o que o faz levar para casa todos os dias um peso insuportável sobre os ombros e que acaba por isolá-lo das pessoas com quem convive profissionalmente e também da família, uma vez que compromete o tempo que se dedica a ela.

Estamos expostos em um celeiro que fomenta amor e ódio, igualdade e competitividade, satisfação e corrupção de valores e ideias, e não é fácil sairmos vivo no final do dia sem levar para casa alguns arranhões, que se não tratados transformam-se em cicatrizes profundas, capazes de atingir a alma.

A desconfiança é um dos sentimentos mais próximos da vida corporativa, uma vez que ela é quem move o mercado e diretamente influencia nossa atividade, assim como o medo, a inveja, a solidão, a tristeza, a indignação e também o ódio estão presentes no ópio que extraímos com nossos ganhos e também com nossas perdas, tornando tudo isso uma aventura inevitável. O que podemos fazer é tentar não absorver o lado negativo da competição no trabalho, compensando com o lado pessoal, no qual nos reestruturamos e nos recompomos antes de regressar para o trabalho.

Considera-se que 60% do que fazemos tem a ver com o relacionamento entre pessoas. Os outros 20% tem a ver com a atividade em si e o resto com procedimentos, afinal de contas vivemos num mundo onde existem regras e elas são necessárias para entendermos etapas. Então, concluímos que saber lidar com as pessoas é nosso maior desafio e, portanto, ao que mais deveríamos nos dedicar a aperfeiçoar.

Alguém que é indicado como líder nos dias de hoje não pode guardar consigo a certeza de tudo, mas sim entender que existe a necessidade de dividir a responsabilidade dessa liderança com todos os envolvidos. Sai o cara que era promovido por anos de dedicação na empresa e entra o profissional mais qualificado e preparado para a posição que a empresa busca encontrar para alcançar suas metas. Com isso, abre-se a porta para a oportunidade de que qualquer pessoa concorra ao cargo de líder, estando mais bem preparado e mais capacitado. Se trabalhamos para pessoas, nada mais justo sabermos entender do que precisa nosso cliente e como fazer para atender as suas necessidades.

O indiano Vijay Govindarajan, chefe de inovação da General Electric, em uma palestra que reuniu milhares de outros executivos, lembrou que, na cultura de seu país, o ciclo da vida é regido por Krishna (que cuida da preservação das coisas), Shiva (o destruidor) e Brahma (o criador). E sugeriu que cada empresa e cada pessoa gerenciem seu ciclo de vida da mesma maneira, decidindo o que vai preservar, o que vai destruir e o que vai criar. É como se cada um de nós manejasse três caixas: na primeira, colocaríamos o que deve ser preservado, na segunda aquilo que vai destruir e, na terceira, o que queremos criar para o futuro (a começar de agora). Podemos incluir esse exemplo de forma prática em nossas vidas, preservando a relação e o respeito pelas pessoas, destruindo a autossuficiência de achar que não precisamos dos outros para nosso sucesso e mantendo o foco nas relações que devemos construir para o futuro, pois entendemos que somos clientes e fornecedores e que um não existiria sem o outro.

O executivo de hoje em dia entende que precisa exigir o melhor de si e absorver o melhor das pessoas, sem precisar se impor arrogantemente, compartilhando ideias, valores e propósitos num único objetivo: manterem-se unidos para ampliar seus serviços e espalhar seus produtos nos quatro cantos do mundo, uma vez que a globalização se tornou a vilã da vida moderna.

Com a crise de 2008, as empresas tiveram de enxugar seus departamentos, reduzindo quadro de funcionários, reavaliando processos e implementando redução de custos que beiraram a loucura; no entanto, depois desse acontecimento foi possível perceber o quanto estamos todos interligados e que a falência de uns nem sempre gera pontos positivos em outros e que certas parcerias se tornaram indispensáveis até mesmo entre concorrentes.

As tecnologias e todas as facilidades que elas nos trazem também contribuem para o comprometimento excessivo do executivo, não diferenciando os limites entre o trabalho e a vida pessoal. O notebook, o celular, as redes de conexão imediata, que permitem o acesso ao trabalho até mesmo nas férias, estando o sujeito em qualquer lugar, contribuem para o estresse e as contínuas preocupações com o trabalho. O executivo atualizado está ligado na necessidade de separar as coisas, de ter tempo para praticar esportes, de se dedicar à família, de se instruir de forma lúdica e livre; no entanto, ainda sim, acaba excedendo-se em suas atividades pela necessidade de apresentar resultados, esquecendo que também é pago para criar e inovar e que, para que *insigths* aconteçam espontaneamente, é preciso manter a mente descansada e com fôlego para exercitar a criatividade.

Se pararmos para pensar que os executivos de hoje possuem ferramentas diferentes das que havia no século passado, fica fácil concluirmos que as horas trabalhadas ultrapassam 70 horas semanais. Se fizermos a comparação com a jornada de 44 horas semanais estabelecida na legislação brasileira, os executivos estão se dedicando o dobro do tempo que deveriam e aproveitando menos do que precisariam para manter o corpo perfeitamente preparado para tanta rotina, tudo isso, sem contar o trânsito movimentado, as obrigações com a família, a necessidade de se manter atualizado, os imprevistos.

O que pensa, o que sente, como age o executivo atual? Como ele reage ao fato de cada vez ter menos tempo para si? E como entender o que ele precisa fazer para não se descontrolar perante o estresse e as pressões que tornam a vida executiva um desafio a ser superado todos os dias?

O executivo de sucesso consegue manter a mente aberta para buscar ferramentas e novos recursos para os desafios atuais sem deixar de ter o coração tranquilo para pensar com sensatez nas decisões que toma e nos ajustes adequados para os sentimentos que sente.

Quando dividimos o desafio de alcançar o sucesso com as pessoas que nos ajudarão a alcançá-lo, não importando o nível em que estejam, estamos dividindo a responsabilidade de chegarmos ao topo, sem esquecermos as bases que nos tornam fortes; do contrário reduzimos nossa expectativa de vida à medida que reduzimos as oportunidades de sermos felizes com o que temos e com o que fazemos.

"Nenhum de nós é tão inteligente quanto todos nós juntos", segundo Warren Bennis.

Portanto, se entendermos que a pressão que sofremos é a mesma que fazemos, estamos comendo os frutos que ainda não vingaram pelas raízes.

Mente Aberta
e Coração Tranquilo

Você já parou para pensar qual versão de si mesmo está dando mais "ibope"? Será que é aquela que você havia planejado passar o resto da vida? Isso é importante para que saibamos o que pode estar dando errado, quando realmente der errado. Temos uma péssima visão de nós mesmos. Sempre achamos que alguém é melhor, mais bonito, mais interessante, mais inteligente do que nós e nem nos damos conta de que isso é cruel e sem fundamento, principalmente quando corrompemos o direito de decidir o que é melhor para nós, a começar pela opinião que temos de nós mesmos.

Não há receita secreta nem ingrediente mágico para manter a autoestima devidamente equilibrada; no entanto, equilibrar a aparência que vemos no espelho e que nos agrada já nos parece muito, e para isso é preciso externar as coisas boas guardadas dentro de nós, de uma maneira sensata e coerente, muito mais que a boa aparência que possamos ter. De nada adianta olhar para o espelho e lamentar pelo que não somos. Temos de saber o que esperar do rosto que sustenta nossos olhos.

Estar bem consigo mesmo é o princípio de tudo. Quando isso acontece, até o trabalho mais infeliz que existe se torna menos árduo. Nossa capacidade se revigora, nosso ânimo se regenera. Criamos uma força capaz de mudar o mundo e nosso universo interior, a começar por nosso guarda-roupa e pelas quinquilharias que guardamos ao longo dos anos, assim como por aquelas gordurinhas acumuladas a que já nos acostumamos.

Tudo o que fazemos reflete naquilo que deixamos de fazer, quer seja por nós mesmos, pelos outros ou pelo futuro dos outros, uma vez que estamos inseridos nele. Pelo menos no das pessoas que amamos e que juramos defender. Que na vida haja tanta adversidade, isso já não é surpresa para ninguém, mas sem elas como poderíamos medir nossa capacidade e nosso talento para superá-las? Há virtudes mesmo na maldade que praticamos a nós mesmos e que não vemos, principalmente quando elas nos motivam a mudar aquilo que não está bom. Acordar todos os dias é uma bênção divina. É o *reset* que precisamos para fazer diferente no dia de hoje o que saiu errado ontem, assim como a força de vontade é o que nos aperfeiçoa, nos impulsiona e nos mantém motivados. Tudo depende de que lado da história estamos. O vilão nem sempre se dá bem, e muito menos chega à frente do mocinho; por isso devemos tomar cuidado na hora de escolher de que lado da história gostaríamos de ficar. Punir-nos com comparações injustas, quando deveríamos trabalhar arduamente, é permitir-nos dormir na inércia, e isso, infelizmente, é um ponto a mais no campo do adversário e um a menos para nós.

Amar o outro como a nós mesmos é um dos mandamentos mais sábios e mais honestos que existe. Não que os outros mandamentos não sejam, porém, esse é o que fala diretamente conosco e nos coloca na linha reta de igualdade. Como desejar que o outro nos ame, se vivemos o tempo todo nos sabotando, nos reprimindo, nos oprimindo? Isso acaba se tornando um fardo que o outro com o tempo se recusará a carregar, e não nos admiremos se em um determinado momento ele pegar a mochilinha e ir se dirigindo até a porta. Ninguém gosta de alguém que esconde o que é. As pessoas se atraem por gente animada, alegre, com um humor leve e saudável.

Pessoas engraçadas estão sempre acompanhadas de outras pessoas, e aquelas que são felizes, de admiradores. Por que será? Você não precisa ser uma celebridade e nem achar que merece devoção, no entanto se a luzinha dentro de você não estiver regulada, o excesso ou a falta de luminosidade o deixará desfocado ou no escuro.

Ninguém veio ao mundo sem utilidade. Todos nós temos uma razão para existir. Os mais bonitos, os mais inteligentes e os mais ousados possuem uma notoriedade própria deles, mas sem talento e sensatez nada sobrevive. Até para existir tem de haver talento, e talento é uma coisa que se aprende, capacitando-se, desenvolvendo--se, "insatisfazendo-se" consigo mesmo. A porta fechada não separa nossos sonhos da realização deles, por isso devemos ter habilidades que possam abri-la. O desamor de alguém não dura muito tempo, quando nos damos conta de que outro amor pode entrar pela janela. Tudo vem da persistência e da quantidade de fé que depositamos nos projetos. Na quantidade de tempo e dedicação que dispensamos na realização desses projetos. Não sabote a si mesmo. Não diga a si coisas duras em que acabará acreditando. Não lamente pelos amores perdidos que também dependerão dos amores dos outros. Tudo é uma questão de foco. Se você regular bem as lentes certas verá muito mais o que os outros não veem.

Conte boas histórias a seu respeito. Deixe que as pessoas saibam que você é alguém que coloca em prática os sonhos que planeja. Conte algo engraçado de si mesmo, mostre que você também sabe rir de suas imperfeições. É mais feliz quem admite isso. Tire o "talvez" de seu vocabulário e fale com mais segurança. Seja firme em negar aquilo que não lhe agrada. Dê rumo certo para as pessoas chegarem até você. Mostre a porta aberta para as boas novas e teça uma colcha de retalhos com as coisas que não lhe servem mais. Transforme-se. Supere-se. Encha-se de orgulho pelas coisas que fez, pelas decisões que tomou e até pelos devaneios que teve.

Então tenha pressa em gostar de si mesmo. Tenha urgência de admitir-se em sua vida. Você é o único chefe a mandar nesse corpo cheio de vontades, nessa mente que não aceita rejeições nem tolera fraqueza de espírito. Enquanto os outros escolhem o lado negro da força, mostre que você escolherá o mais sensato. Levante para um dia cheio de possibilidades, vista-se com a melhor roupa que venda sua imagem. Sorria para as pessoas desconhecidas, isso as deixarão surpresas, por mais que pareça bobo. E bobo, neste mundo, quem não é ou já não foi? Rimos das comédias o tempo todo, das piadas que alguém contou sobre algo que não deu certo, e "não dar certo" nem sempre significa que esteja errado. Por que não se permitir também esses pequenos atos falhos? Tornar consciente o que já está evidente é uma maneira de estar feliz com o que você é, e com o que já conquistou.

Revigore-se. Renasça. Acredite na dúvida das pessoas. Elas também acertam. São elas que lhe dão a noção correta do que ainda precisa ser feito, do quanto precisa melhorar e do quanto não deve se dar por satisfeito. Pessoas felizes não parecem somente felizes, uma vez que a tristeza é bem mais difícil de disfarçar se verdadeira. Leia, pense, raciocine, confunda-se, brinque de ser o melhor. Isso torna tudo mais divertido.

Faça algo por si mesmo que não tenha feito antes. Comece de novo até que a massa fique no ponto. Deixe de dar pontos apenas para os outros. Isso os deixa motivados a acertar sempre mais, enquanto você se alimenta de plateia. Esqueça as coisas que não pode superar. Supere as que parecem difíceis. A persistência abre fendas nos obstáculos. Só emagreça se for possível, mas não se mate homeopaticamente, ao invés de ser amar compulsivamente.

Se você julgasse a si mesmo, certamente não seria condenado. Será que se você fosse um produto, você se compraria? Seja honesto quando estiver na frente da prateleira. Creia em alguma coisa, ainda que seja em si mesmo, e não duvide.

Tome consciência de sua liberdade e das coisas que ninguém pode impedir que você faça. Pensar positivo é um dos melhores exemplos que podemos ensinar aos outros. Permita-se chorar uma cota de lágrimas e nada mais. Não fique se lamentando demasiadamente. Só os enfadonhos lamentam a sorte a todo instante, e nem mesmo eles se suportam.

Case com quem você gostaria de amar todas as manhãs de sábado e nos domingos de chuva, mas nunca opte por um casamento que sacrifique pessoas a um futuro diferente da vida que esperam, baseado no que os outros esperam. Encontre um meio de viver feliz e trabalhe nisso. É para isso que nos deixamos prender a alguém, por amor, e o que é feito por amor ainda sai mais em conta.

Trabalhe até a perfeição e não à exaustão, e assim terá a certeza de que não fez nada demais e ainda recebeu por isso. Tenha amigos otimistas, mas otimistas e sensatos. Fuja dos que acham bonito arriscar-se pulando abismos e se aproxime dos que não dizem muito, mas que não pedem nada em troca para ouvir-lhe. Eles ajudam muito quando precisamos de carona.

A mente aberta sabe o corpo que tem, sabe de suas qualidades e de seus defeitos, por isso possui um coração tranquilo, que não se desespera por querer chegar à frente de todos e nem se apressa para provar nada a ninguém.

Por fim dê uma chance ao super-herói que você foi um dia. Ele ainda acredita que vai salvar o mundo.

As almas de dentro

Parte do que somos profissionalmente tem a ver com o que somos pessoalmente, e é impossível separar uma coisa da outra como se fôssemos um avatar, do qual nos apossamos para ir à batalha de todos os dias. No pessoal, como no profissional, temos de saber lidar com os relacionamentos. Apesar de toda a evolução que o mundo vem passando, com a possibilidade de conhecer alguém que more do outro lado do planeta pela internet, por exemplo, começar um relacionamento nos dias de hoje continua não sendo a coisa mais fácil de ser fazer, e acho que estamos longe demais de chegar a essa facilidade no futuro. Ter todo mundo conectado também a seus pés não significa ter alguém para construir algo junto, sólido e verdadeiro, porque ainda são necessários contato físico e convivência para se construir uma relação. O máximo que podemos fazer virtualmente são estabelecer um contato e ir afunilando as afinidades no real, ainda que seja para termos boas lembranças. Do jeito como as relações estão caminhando hoje em dia, isso já é uma grande vantagem. Se relacionamento fosse uma coisa fácil, já nasceríamos casados. É desse modo que a vida vai seguindo. Entre altos e baixos, a gente vai se encontrando pelas vielas que o mundo constrói, sobrevivendo numa sociedade privada, com fins lucrativos e afinidades rentáveis, tentando descobrir um jeito de aprender a conviver com o semelhante, cheio de anseios e defeitos como nós, com a expectativa positiva de construir algo junto.Não seria sensato escolher a solidão para fugir dos fracassos nos relacionamentos. Relacionar-se com outras pessoas não é fácil em nenhum departamento; no entanto, evitar o esforço não seria sensato, uma vez que aprendemos positivamente tanto com a alegria quanto com o sofrimento, além do mais são as afinidades que determinam o que duas pessoas podem esperar quando olham uma para a outra, e isso só acontece quando a tal química acontece. E essa tal química nada mais é do que o interesse olfativo, degustativo, ciente e sinestésico por alguém que aprisiona a mente de qualquer compreensão.

Nós não escolhemos sentir amor, muito menos quem terá nossa atenção pelo tempo que tiver de ser, no entanto podemos aproveitar a oportunidade de aprendizado, uma vez que alguém nasce para nós no exato momento em que a conhecemos. Podemos com isso desfrutar dessa aparente novidade e influenciar nesse amor, fazendo com que ele dure muito mais tempo do que costumam contar as estatísticas. Somos nós que determinamos o que os outros sentem por nós, por nossas atitudes, nossos comportamentos e nossa reciprocidade ao afeto que recebemos.

Nossa vida está baseada em relacionamentos. São eles que nos acompanham toda a vida e que de certa forma nos ensinam a lidar com tudo a nossa volta, interagindo com as pessoas e de certa forma conhecendo o mundo onde vivemos. Esses relacionamentos estão inseridos em seis tipos de vidas, que por sua vez estão inseridas no ser que somos nós; sendo assim, podemos dizer que são almas que governam nosso corpo. Só perdemos para o gato, que continua com sete. Essas vidas determinam o tipo de pessoa que somos e também a pessoa que seremos num futuro bem próximo, qual nosso grau de comprometimento com nossa felicidade e a felicidade dos que partilham essas vidas conosco, e o bem-estar que tudo isso nos provoca, dando-nos mais força, coragem, vontade e exercitando a paciência que converte o amor em costume com o passar dos anos.

A primeira vida é a VIDA PESSOAL. Aquela que define a pessoa que somos, os gostos que temos, o estilo que escolhemos e todas as escolhas individuais que um ser humano possa fazer por si mesmo. Essa vida que ninguém tem o direito de criticar porque ela é pessoal, intransferível e está acima da opinião pública.

A segunda vida é a VIDA FAMILIAR. A primeira sociedade que nos acolhe desde os primeiros instantes de vida, onde crescemos, aprendemos a andar e a falar as primeiras palavras de ordem: "obrigado", "por favor" e "eu te amo". Onde fortalecemos os valores que serão importantes para nossa vida, aprendemos a dividir, a ser tolerantes e a amar incondicionalmente. Nessa relação nascida com os pais, com os irmãos, primos, tios, parentes desejados e indesejados, uma vez que família não é algo que se escolhe, vamos aprendendo a tomar consciência de que antes de nós vieram os outros.

A terceira vida é a VIDA SOCIAL. É a vida que compartilhamos com nossos amigos e pessoas que vamos conhecendo em inúmeras situações que a vida propicia. Onde aprendemos a argumentar, a nos defender, a interagir com outros semelhantes como nós, que não nos amam incondicionalmente, mas no entanto nos ajudam a visualizar o mundo longe das janelas de casa e a vê-lo como competitivo. A vida social se inicia com os coleguinhas da rua, do jardim de infância, do colégio, da faculdade, do trabalho e por todas as sociedades em que transitarmos livremente.

A quarta vida é a VIDA AFETIVA. É aquela que decidimos dividir com alguém, abrindo e partilhando nossa intimidade, nossos anseios; compartilhando um sentimento diferente daqueles envolvidos nas vidas que citamos acima e que nos faz gastar horas e horas de sono, fazendo planos, desenhando milimetricamente o futuro. É a vida capaz de se regenerar, de ressurgir das cinzas como uma fênix, e que nos faz compreender que quando se trata de um relacionamento afetivo temos somente 50% de autonomia, uma vez que a outra metade fica com quem compartilha conosco a mesma ideia de continuar contando ou não a mesma história. É a vida que proporciona a criação da família e dos seres a que daremos origem a partir desse "acordo consentido" e firmado com os filhos.

A quinta vida é a VIDA PROFISSIONAL. É a última vida que se forma nas etapas do tempo, e acaba se tornando a mais importante, porque é ela que mantém, alimenta e influencia as outras vidas. Alguém desempregado se sente totalmente incapacitado de pôr em prática os planos pessoais, de garantir o sustento da família, de sair com os amigos, de levar a namorada para jantar; esse alguém também se abate, tem a autoestima afetada e se sente totalmente desencorajado. A vida profissional surge depois que a vida familiar já está estabelecida, os amigos e a vida social desenvolvidos, a afetiva iniciada, e então a profissional começa sob a liderança de um chefe. Infelizmente, dar atenção exclusivamente para esta vida é colocar em decadência todas as outras a médio e a longo prazo, por isso é importante aprender a dosá-la desde cedo.

Por último, vem a VIDA RELIGIOSA, que é porém facultativa. Digo facultativa porque é você quem define a quantidade de tempo que dedicará a ela e o tipo de fé que irá seguir. Faz parte da construção individual do ser humano, influenciando diretamente no emocional, nas atitudes e na relação que a pessoa tem com o mundo. É você quem escolhe a religião e também se vai ser ou não "religioso", porém não deixa de ser um tipo de sociedade na qual você conviverá pelo tempo em que estiver inserido nela.

Se todas essas vidas são verdadeiros cenários, certamente somos excelentes atores uns para os outros, atuando em diversas peças, interagindo, atuando, interpretando e representando perante um público que só aumenta com o passar dos anos. Nessas vidas vamos recebendo títulos que determinam em que lugar da sociedade estamos inseridos. Somos filhos, irmãos, pais, amigos, cunhados, sogros, namorados, maridos, empregados, chefes, pastores, rabinos, enfim, tantos rótulos que no final não compreendo como ainda sabemos quem somos e o que queremos. E o que a felicidade tem a ver com isso? Tudo. A felicidade é uma coletânea de sentimentos saudáveis e de um bem-estar incrível, que se manifesta quando a compartilhamos com os outros. Segundo Vinicius: "É impossível ser feliz sozinho", e de fato faz sentido. A felicidade é a sincronia perfeita de todas essas seis vidas atuando dentro de nós, sobrevivendo em um ambiente imprevisível, alimentando-nos de sensações, sentimentos, habilidades, desafios, surpresas, tristezas e alegrias, tornando impossível que um ser humano venha ao mundo sem deixar marcadas sua presença e participação.

E como fazer com que nossa felicidade, uma vez inserida em nossas vidas, tenha força suficiente para crescer e se manter coerente com o que buscamos? Não é algo muito fácil, tanto que passamos a vida inteira tentando aprender o jeito certo de fazer a coisa certa; no entanto, a maneira correta está tão implícita quanto o manual de instruções de um aparelho que a gente compra e insiste em não consultar por achar que já sabe operar com destreza. Com a vida, assim como com a felicidade, é da mesma forma. Elas são manuais que nos ensinam as regras para sobrevivermos bem e tirar o melhor dos relacionamentos, com reciprocidade, atenção e afeto. Sem isso, não conseguimos ter referenciais, e sem referenciais não sabemos se os caminhos que escolhemos estão corretos.

Ser feliz é saber administrar todas as vidas conscientemente, de maneira natural e prazerosa, individualizando cada uma e dando o tempo certo e necessário para que uma se estabeleça, sem misturá-las ou inverter as posições. Quando determinamos que a vida familiar não deve interferir na vida profissional, assim como entendemos que a vida profissional termina teoricamente às 18h e que a relação com o chefe em nada tem a ver com a vida afetiva, estamos cuidadosamente zelando pelo bem-estar dessas relações, individualizando-as e intimamente trazendo para perto de nós a administração de nossa felicidade. O trabalho não faz parte de seu casamento, assim como o pastor não vai personalizar os mandamentos de Deus porque é seu melhor amigo. São relações independentes, cuja existência está centrada em você, e é você o único responsável por garantir que tudo dê certo no final.

As relações que construímos no ambiente de trabalho também são importantes e devem ser separadas das demais, uma vez que lá não somos tratados de forma pessoal como nas outras relações, mas sim profissionalmente. Nossos interesses estão voltados para outro lugar, portanto as relações são mais cautelosas e nos limitam a certos tipos de afetos. Isso não quer dizer que um relacionamento afetivo não aconteça num ambiente onde as pessoas passam grande parte de seu tempo trabalhando juntas, mas é que nesse cenário tudo o que dizemos e fazemos pode ser usado contra nós no tribunal corporativo, onde sorrimos o tempo todo porque estamos sendo filmados.

Você não imaginou que já tivesse vivido tanto, não é? Pois é, já demos mais voltas neste mundo do que seriamos capazes de imaginar. A verdade é que nunca voltamos de lugar algum. Estamos sempre indo. A vinda seria se pudéssemos desfazer tudo aquilo que foi feito, se pudéssemos retornar no mesmo tempo, no mesmo horário, reencontrando as mesmas pessoas pelas quais passamos, mas infelizmente não é assim. À medida que o caminho se estende, o tempo vai passando por nós deixando suas marcas, as cicatrizes que revelam tudo o que já passamos, a memória das pessoas que conhecemos, o que deixamos de nós em cada uma delas e o que trouxemos delas conosco.

Nessas relações aprendemos que somos peças de um jogo, cuja ordem se inverte a cada instante. De um momento a outro passamos de culpados a inocentes, de pedestres a motoristas, de felizes a infelizes, de alegres a tristes. A vida seria diferente se cada um tivesse o domínio de tudo, mas se isso acontecesse seríamos mais egoístas do que já somos. Ainda bem que as relações nos ensinam a respeitar os limites de cada um, entendendo nossos pontos fracos, e a aceitarmos a ideia de que juntos somos melhores e, quanto mais conscientes disso, maiores.

No passado as pessoas casavam-se cedo e juntas descobriam um mundo novo totalmente desconhecido, e tinham de aprender a ter paciência para saber lidar com essa nova estrutura familiar e cuidar da relação, porque dela viria tudo, e vislumbrava-se apenas passar a maior parte do tempo juntos. Hoje, as relações são bem diferentes. As pessoas casam mais tarde e, por estarem tão estimuladas a buscar independência e pela pressa de garantir uma vida sustentável, quando casam se deparam com o fato de não saberem partilhar nada. E percebem que tudo o que buscaram até então contemplou apenas uma pessoa, por isso seus hábitos, costumes e manias não conseguem ser quebrados facilmente. Um tipo de egoísmo natural de quem olhando para o mundo buscava a própria imagem. Infelizmente, esse é o cenário onde vivemos, em que os iguais continuam buscando iguais, e quando isso acontece de maneira diferente não aceitamos facilmente.

Talvez se não fossemos instruídos a sermos autossuficientes, aceitaríamos mais o fato de precisarmos uns dos outros, e assim a solidão não seria esse monstro escondido atrás das cortinas, que nos assombra quando a noite chega. Não frequentaríamos tantas boates e aqueles lugarzinhos apertados, onde desconhecidos se encontram tentando arrumar um jeito de não voltarem mais ali sozinhos.

Quem sabe um dia se entenderá que os relacionamentos idealizados são os mais propícios a erros, porque neles as pessoas não erram, não se magoam e não se perdoam. Não sabem contar suas fraquezas com medo de que o outro veja suas imperfeições. Acho que a maior distância que possa haver entre duas pessoas é o fato de uma não saber da existência da outra; do contrário, qualquer ser humano que seja apresentado a outro ser humano pode ser feliz, não importando a crença, a cor, a condição social e o sexo.

Pode ser que no futuro não existam mais casamentos, que não exista mais a família, não existam mais laços afetivos ou até mesmo não exista a razão para que duas pessoas passem a vida inteira juntas. Não consigo imaginar um mundo frio desse jeito e espero que essa tendência, se efetivada, não seja seguida, do contrário o que seria da humanidade? Vivemos num mundo onde as relações são capazes de construir nações inteiras, onde existem confiança e esperança de fazermos alguém feliz da maneira como nos dispomos a ser. É neste mundo que devemos nos encontrar, torcendo incansavelmente para que alguém também nos encontre, e que não desista de nós, por mais imperfeitos que possamos ser; porque ainda acreditamos no amor, por mais que o amor, de tanto ler velhos romances, duvide tanto da gente.

A estética da ética

(Por favor, leia! Leia! Leia!)

Está vendo como a ética pode ser tão sutil quanto uma frase? Ela é aquilo que julgamos ser pela observação, compreensão e julgamentos. No primeiro "Leia!", se percebe um pedido. O segundo pode parecer um apelo. Já o terceiro parece mais uma ordem. A ética tem o mesmo sentido. Cada um pode interpretar de uma forma diferente. Ganham todos quando todos entendem do mesmo jeito.

A ética é um conjunto de regras que nos indica a melhor forma de viver a vida, com valores morais, pessoais, profissionais, religiosos, políticos, étnicos, enfim. É um conjunto de procedimentos que nos ajudam a viver melhor em sociedade, levando em consideração a forma de ser, o caráter, o comportamento e a atitude. Ela não se resume apenas a um aval de conduta moral, baseada na obediência às normas, costumes, tabus, mandamentos, mas é também um conjunto de ideias que possibilitam entender nossos limites e o que devemos esperar dos outros.

Somos instigados a assimilar o que é ética desde criancinhas, quando somos advertidos a não fazer mal a nenhum coleguinha, a não provocar o choro e a não levar para casa o brinquedo que não nos pertence. A ética é uma linha fina, tênue e transparente que separa uma pessoa da outra, provocando um limite de conduta que não sobrepõe o que ambas julgam necessário para a convivência, sem haver desentendimentos. É algo que só tem valor quando compreendemos que tipo de reação queremos causar em alguém e o que esperamos de volta.

Quando levamos a ética para a vida pessoal, compreendemos melhor o que isso significa, porque é no quartinho dos fundos de nossa existência que nossos valores são formados, nosso respeito por nós mesmos é definido, assim como a própria dignidade fica mais visível, de um modo que todo mundo possa vê-la. Quando compreendemos que não devemos aceitar tudo, ser coniventes com atos desonestos e fazer mal conscientemente a alguém, respeitando e não violando seus princípios, estamos sendo éticos, zelando por um bem-estar que nos atingirá de certa maneira.

Em tudo que vemos, tocamos e sentimos, existe ética e um propósito para existir, do contrário para que tanto esforço de ver as coisas funcionarem perfeitamente? Aprendemos que não roubar, não matar, não adulterar, seja, antes de tudo, regras que fazem parte da ética de Deus, nos Dez mandamentos, para que um sujeito alcance os átrios divinos, como também uma conduta que devemos seguir, ajudando-nos a respeitar as leis; embora não seja muito fácil fazer com que todos cumpram o que deve ser feito, como não falar ao celular enquanto dirige, não subornar quando for pego cometendo uma infração, não estacionar em cima de calçadas, não saquear a carga de veículos acidentados na estrada, não parar em fila dupla em frente às escolas, não pegar atestado médico sem estar doente para faltar no trabalho e até mesmo não levar material do escritório para casa. Essas coisas, por menores que sejam, não afetam apenas a conduta do indivíduo que comete esse tipo de falta, mas a de todos que estiverem num raio de distância considerável, e que acabam sofrendo direta ou indiretamente com a falta de ética e de esponsabilidade.

A maioria das profissões tem seu próprio código de ética profissional, deixando implícitas as condições necessárias para prestarmos um bom trabalho, e esse código é a condição básica para que dividamos o mesmo ambiente e cada um cumpra da melhor maneira possível seu papel. Infelizmente, a falta de ética é percebida em qualquer lugar. Cada vez que, no ambiente de trabalho, enganamos alguém para tirar alguma vantagem, prometemos algo que no íntimo sabemos que não iremos cumprir, ou, fora do escritório, quando lançamos uma latinha de cerveja pela janela do carro, achando que o lixo da rua não tem a ver conosco, estamos infringindo esse código de conduta; e isso não melhora apenas tomando consciência do erro, mas também incentivando os outros a agirem de forma correta.

Não basta apenas conseguir um emprego, é preciso saber preservá-lo, tendo o compromisso de exercê-lo com excelência e habilidade. Para isso é necessário o cumprimento de normas que ajudarão a criar uma padronização de conduta. No entanto ética não é apenas fazer o que está escrito, mas também ter o discernimento de atuar em soluções não "palpáveis", como ser cordial com as pessoas, não deixar que alguém fique sem respostas para perguntas que forem feitas, fazer além do que foi pedido e, muitas vezes, ajudar um colega que pode não ver a solução de um problema.

Somos presos a normas, por mais que neguemos isso. Um exemplo disso é o trânsito. Quando o farol por alguma razão não acende ou uma nova rua está sendo recapeada, estando sem as marcações devidas, muitas pessoas não entendem o que as outras são capazes de fazer. A rua se torna uma disputa de quem consegue fazer a primeira ultrapassagem, numa verdadeira mostra da incapacidade de pensar coletivamente, sendo todos propensos à agressividade e à falta de gentileza com quem quer que seja. O trânsito infelizmente é um cenário bem típico de fomento do ódio e da desordem.

Não é difícil praticarmos a gentileza, assim como não é complicado cumprirmos a ética, ainda que não haja ninguém que aprecie essa iguaria. Sua necessidade de ser ético independe do que pensam os outros. É preciso exercer aquilo em que acreditamos e de que necessitamos, e a melhor maneira de convencermos os outros é com exemplos reais do que realmente praticamos. Respeitar as pessoas é respeitar a si mesmo, e quando fazemos isso por alguém, ainda que desconhecido, estamos mantendo a ideia de que valorizamos essa atitude e que cobraremos o mesmo.

Vivemos em um país onde os valores tendem a se inverter facilmente. Onde quase todo mundo visa tirar vantagem de tudo, como se a Lei de Gerson fosse um parâmetro a ser seguido e do qual devêssemos nos orgulhar. Ensinamos nossos filhos a não devolver o troco dado a mais, a emprestar e não devolver, a falar mal de alguém para conseguir a confiança de outro, a subornar para escapar de uma multa, para passar nas provas de direção e tantas coisas mais, que fica complicado entender como sobreviver a tudo isso. As pessoas fazem questão de falar, sem a menor vergonha, do mal que praticaram, do sucesso que obtiveram sendo desonestos. E a honestidade não é lá uma qualidade que dê resultados, portanto nem merece ser comentada.

Não importa o que falem sobre ser honesto e ser ético e o quanto *démodé* isso possa parecer, devemos fazer questão de pagar o valor devido, sem um "descontinho" ilícito. O que importa é sabermos que tudo neste mundo capitalista tem um preço e que nosso trabalho é o único meio de adquirir tudo de que precisamos, sem ficar devendo nada a ninguém, nem deixar cúmplices dos erros que comentemos.

Não importa o quanto isso se deduza no saldo da conta corrente, queira somente o que é seu. Seja honesto em qualquer situação. Resista às "facilidades" que lhe cobram um preço muito alto em seguida. Nunca faça algo ou diga algo que não possa assumir publicamente. A palavra ainda tem um peso muito grande sobre nossa credibilidade e, em muitos casos, ela ainda garante a certeza a nosso devedor de que pagaremos assim que puder. A prática da ética influencia no comportamento do indivíduo e no meio no qual ele habita, determinando a confiança e adquirindo o respeito das pessoas com as quais convive, segundo Amanda Cristina de Oliveira, advogada com especialização em direito contratual pela PUC/SP.

Seja paciente, humilde, tolerante. Nem sempre teremos razão em tudo, nem tudo será previsível, sem nos enganarmos pelas aparências. Se isso acontecer, reconheça a falha e admita o quanto está arrependido. É ruim demais julgarmos os outros sem conhecer verdadeiramente suas razões e motivos, e evitar isso ajuda a evitar também constrangimentos desnecessários ou a vergonha por ter sido precipitado, impulsivo, baseando-se em suposições.

Evite falar mal das pessoas por trás, para quem quer que seja, amigos ou colegas de trabalho. Se você fala de alguém que não pode se defender cara a cara, o mesmo fará com quem o escuta e isso pode gerar uma desconfiança sem fim. Falar mal de um amigo para alguém que não o conheça direito, não garante que no futuro seu confidente seja leal com você. A falta de ética nos coloca nas mãos de todos, e se não garantirmos a defesa de quem amamos de verdade tão pouco haverá quem nos defenderá.

Respeite a privacidade das pessoas e não vá além do que é permitido. Não mexa nos pertences dos colegas, não leia e-mails de outros sem autorização, não mexa na mesa de alguém, quer seja um colega mais chegado ou não. Evite tomar liberdades demais com seu chefe, ainda que pareça amistoso. Excesso de confiança também atrapalha, além de levá-lo a ser antiético facilmente. Resista ao péssimo hábito de ser curioso, de querer saber além do que lhe é permitido. Acredite, a ignorância às vezes é nossa maior defesa.

Seja gentil e ofereça ajuda às pessoas que você percebe que necessitam. Assim como não existe almoço de graça, não existe gentileza que não resulte em benefícios a curto ou longo prazo. Acumule esse tipo de valor que nunca se desvaloriza e que pode lhe render frutos no futuro. Não sabemos como será o amanhã; no entanto, cada um de nós já teve a oportunidade de deparar-se com a gentileza de um desconhecido que nos fez acreditar que sorte mesmo é ter um Deus com tantos filhos.

Sempre cumpra as promessas que fizer. Imagine que alguém tenha depositado em suas mãos a chave de uma porta que se abre a cada cem anos e essa chave não pode ser quebrada. Quando fazemos aquilo que cumprimos, estamos afirmando que somos dignos de confiança e que merecemos estar onde poucos estarão. Da mesma forma, não deixe de ser pontual e não permita que alguém possa pensar algo negativo por causa de sua demora. Zele por seu nome, por seu trabalho, pelas pessoas que acreditam em você. Não caia no erro de achar que todo mundo lhe ama incondicionalmente. As pessoas nos dão aquilo que podem dar e que nós merecermos receber.

Não se esqueça de compartilhar o êxito com sua equipe por um trabalho que teve a participação de todos. Uma das coisas que mais chama atenção em alguém é a possibilidade de saber valorizar as pessoas certas, nos momentos certos. Elas nunca se esquecerão disso e sempre procurarão sua companhia quando todas as outras parecerem duvidosas. Por isso, não deixe de dizer o quanto se sentiu feliz com a presença, com a força de vontade, com a contribuição, por menor que tenha sido, quer seja em um trabalho, em um projeto, ou até mesmo com uma ideia sem aparente fundamento. Nem de longe assuma algo que não lhe pertença, pelo contrário, seja o condutor das coisas boas que possam ser aproveitadas e incentive a criatividade, apoiando e estimulando as pessoas a encontrarem solução para os próprios problemas ou para coisas que lhes deem prazer em desenvolver.

Seja ético. Não importa o que lhe digam para desestimulá-lo dessa virtude. Não existem meios fáceis para se conseguir algo que não seja com trabalho e com o suor do rosto. As coisas que vêm fácil continuam indo fácil e levando muita gente junto. Sei que isso muitas vezes pode representar perda de dinheiro, de benefícios, de status, mas todas essas coisas não garantem nada eternamente e, num futuro bem próximo, você poderá precisar de alguém que já tenha sido lesado por você. Nessa hora é que vemos o quanto a vida é irônica e o tempo é incerto. Vale a pena acreditar no mundo onde vivemos e nas pessoas com quem convivemos, como se tudo que perdêssemos sem perceber voltasse a nossas mãos da maneira que nos deixaram. A vida nos permite fazer esse balanço e perceber que, na verdade, a ética é o que dá nome a tudo que nos pertence, quer seja o pai, que a mãe afirma ser nosso, o prêmio que o público afirma que merecemos, o salário que nosso trabalho diz que honramos, o amor que alguém tem por nós e nossa integridade.

Ser ético é caminhar mil léguas com o mesmo sapato como se ele não nos pertencesse.

Pecados e Virtudes

Esquecemos facilmente os nossos pecados quando
só nós próprios os sabemos.
(François de La Rochefoucauld)

O ser humano é suscetível ao pecado, e não existe pecado sem testemunhas, ainda mais para aqueles que praticamos uns contra os outros. Em casa, na roda de amigos, no trabalho, não importa o ambiente, em qualquer lugar, o pecado, ou melhor, o erro sempre estará nos rodeando, somente aguardando a oportunidade de provar nossa fraqueza e tripudiar sobre aquilo que não dominamos, como os sentimentos e o instinto.

Mas dentre todos os tipos de pecados que possamos vir a praticar, quero comentar aqueles que permeiam os ambientes de convivência, como o do trabalho, por exemplo, onde colocamos em prática nossas falhas e potencializamos nossas virtudes, que alimentam nossos sonhos ou aterrorizam nossa alma todos os dias úteis de nossa vida.

Os pecados capitais, aquele conjunto de falhas graves definidas pela Igreja com o intuito de controlar, educar e proteger seus seguidores, ajudam-nos a compreender e controlar nossos instintos básicos, e servem como salvação e remissão dos pecadores. No entanto, com base nesses pecados é que facilmente somos impelidos à ganância, traições, ambições, que de certa forma só pioram nossa vida. Como a natureza humana tem o livre-arbítrio, temos como desafio tentar escapar da gula, avareza, luxúria, ira, preguiça, inveja e vaidade. Por esses pecados, tornamo-nos capazes de tudo, desviando-nos do que seria correto em função de benefícios próprios.

Ao contrário das virtudes, que são hábitos saudáveis que levam o homem para o bem, seja como indivíduo, pessoal e também coletivamente, os pecados capitais fazem parte da vida humana; são a manifestação de nosso instinto; indicam a probabilidade de praticarmos mais o mal, que parece mais fácil, do que o bem sem levar em conta qualquer tipo de interesse. Ainda mais num mundo tão competitivo como o corporativo, onde somos estimulados a tirar vantagens, corrompendo procedimentos e fortalecendo alianças mal-intencionadas.

GULA é o desejo insaciável, além do normal. No mundo corporativo, poderíamos encontrá-la no egoísmo de querer ter sempre mais e mais, perdendo o controle do que realmente é necessário. Isso é o que determina o quão ambiciosos podemos ser e o que seríamos capazes de fazer para ter muito mais do que precisamos.

Já a AVAREZA representa a insegurança, o medo de perder algo que se possui, não apenas o emprego, mas o cargo desejado, a sala confortável, a posição, o status, a confiança do chefe quando alguém novo entra no departamento. Uma pessoa avarenta tem dificuldade de abrir mão do que tem, mesmo que receba algo em troca; tem cuidados excessivos com o que é seu, como uma pessoa egoísta. É incapaz de abrir mão do que tem menos valor para preservar o que é mais valioso. Para o avarento perder algo pode ser um desastre e isso tira sua capacidade de raciocinar quando se trata de defender os próprios interesses. Limita-se a pensar apenas no que é vantajoso para si, sem se importar com a necessidade do outro.

A LUXÚRIA é o desejo passional e egoísta por todo o prazer sensual e material. Capaz de usar a sedução para conquistar aquilo que deseja, envolvendo, enganando e deixando dominar-se pelas "paixões". Aplicada ao mundo corporativo, poderíamos usar isso como o poder de influenciar pessoas negativamente, corrompendo suas ideias e seus costumes, seus valores morais e sua conduta.

A IRA é o própio descontrole emocional, como a raiva, o ódio, o rancor, misturada à necessidade de ser agressivo, de impor a própria vontade pela força e coação moral, desrespeitando, denegrindo e muitas vezes humilhando qualquer pessoa. No mundo corporativo, a ira pode ser aplicada como sentimento de vingança, de uma vontade incontrolável dirigida a uma ou mais pessoas por qualquer motivo, capaz de gerar ofensas, insultos, por meio de duras críticas, intrigas e fofocas. A ira é uma explosão de sentimentos ruins, causados por uma contrariedade, por uma desilusão, por um acontecimento inesperado que possa causar uma inconformidade, ou uma maneira de livrar-se de uma culpa. É um sentimento destrutivo capaz de causar dor em alguém para a satisfação, mesmo que inconsciente, daquele que a provoca.

A PREGUIÇA está embutida na falta de prazer nas atividades diárias, refletindo um profundo desânimo e uma aversão às mudanças. Implica a busca de valores que atraíam inovação, coibindo o desenvolvimento de si mesmo e influenciando no de todos. É um sentimento de incapacidade e conformismo, capaz de fazer a pessoa se sentir "inútil", "incapaz de realizar", "incapaz de fazer algo novo"; sem coragem e sem interesse pelas coisas. A pessoa corrói-se com afirmações muitas vezes falsas e se torna avessa ao trabalho, negligente, lenta e contrária a qualquer atividade que exija esforço físico ou mental.

A INVEJA é o sentimento mais comum que percebemos nas pessoas quando elas estão nos corredores, no local onde tomam o cafezinho, no refeitório e até nos ambientes de descontração dentro da empresa. E esse sentimento não é apenas querer o que o outro possa vir a ter, mas sim o prazer de tirar essa mesma coisa da pessoa. É um sentimento gerado pelo egocentrismo e pela soberba de querer ser maior e melhor que todos, não admitindo que outro alguém possa ter a mesma qualidade e atratividade. Isso é o que chamamos de formação reativa, que é um mecanismo de defesa dos mais "fracos" contra os mais "fortes", popularmente chamada de a arma dos "incompetentes", pela incapacidade de alcançar o que o outro alcançou, pela incompetência, pela limitação física e intelectual; atitudes que disseminam a discórdia no ambiente de trabalho, gerando crítica entre as pessoas.

A VAIDADE, ORGULHO OU SOBERBA é o sentimento de satisfação gerado pelo prazer próprio, como uma elevada convicção de capacidade pessoal. Em Português, a palavra "orgulho" pode designar tanto algo positivo como negativo, dependendo das circunstâncias. Assim, o termo "pode" ser empregado de maneira errada, tanto como sinônimo de soberba e arrogância, quanto para indicar dignidade e satisfação por um problema superado ou por uma conquista.

A vaidade em excesso pode transformar-se em ostentação, extravagância, arrogância, sendo vista como uma emoção negativa, tanto no lado pessoal, por meio do visual e da aparência, da exposição dos próprios pontos positivos e ocultação dos pontos negativos, do elogio a si próprio, julgando ser melhor ou mais importante do que os outros; quanto no profissional, usando os mesmos subterfúgios. Uma pessoa vaidosa pode ser gananciosa por querer obter algo valioso só para causar inveja aos outros. Orienta-se por opiniões alheias e alimenta expectativas de que os outros devam preencher suas necessidades. No filme *O advogado do diabo*, o próprio diabo, interpretado pelo ator Al Pacino, admite satisfação quando saboreia da fraqueza humana dizendo: "A vaidade definitivamente é o meu pecado favorito".

Há pecados tão agradáveis que, se os confessasse, cometeria o pecado do orgulho. (Sophie Arnould)

Além de todos os pecados que permeiam nossa conduta perante nós mesmos e influenciam no relacionamento com os outros, os defeitos de caráter como a mentira, a desonestidade, a ambição desenfreada, o consumismo e os desejos incontroláveis também fazem parte dos sentimentos que nos tiram do eixo central e nos levam para o outro lado da parede, contrariando as regras que deveríamos seguir.

Não somos apenas institivamente maus por dentro, assim como nem todo mundo consegue ser bom o tempo todo. Há uma parte de nós trabalhando, juntamente com nosso bom senso que nos guia por outro caminho até chegarmos a um modelo de conduta melhor, que nos afaste da maneira de viver egoistamente a cada instante. Há sentimentos que também fazem parte do ser humano e que nos ajudam a equilibrar a balança, já pendente de um lado pelos sete pecados; eles são as sete viturdes, que travam uma eterna batalha com os vícios ruins, ajudando-nos a acreditar num mundo melhor.

A temperança se opondo à gula, a generosidade se opondo à avareza, a castidade se opondo à luxúria, a paciência se opondo à ira, a diligência se opondo à preguiça, o amor se opondo à inveja e a humildade se opondo à vaidade. Essas são as virtudes que praticadas corretamente nos afastariam ou nos protegeriam dos sete pecados já citados acima; no entanto, sabemos que se torna quase impossível agirmos independentemente e com tal destreza com nossas virtudes, uma vez que nossos sentimentos são influenciados pelas atitudes dos outros, mas isso não justifica termos pensamentos e atos torpes, como denegrir a imagem de alguém, praticar a desonestidade desvairada e o egocentrismo como base principal de nossa vida.

A humildade, por exemplo, é a virtude que gera grandeza nos outros, modéstia de quem observa, respeito de quem pratica, reverência de quem valoriza e submissão para quem reconhece que com o orgulho não se conquistam pessoas, no entanto, não é uma qualidade de que se pode apropriar, uma vez que quem se vangloria da sua, mostra simplesmente que lhe falta.

Podemos escolher ser generosos, pacientes, prestativos e extremamente simpáticos no ambiente de trabalho, e prestarmos esse serviço uns aos outros.

Temos livre-arbítrio para agir, porém o mau uso dele pode fazer com que um dia difícil se transforme em vários e uma saudação mal dita se torne uma antipatia sem fim.

Podemos ser melhores, pelo simples fato de fazermos as escolhas certas. O que devemos ter é serenidade para saber usar e praticar a paciência, a gentileza e o interesse em ajudar, ainda mais num ambiente onde já se conseguem inimigos sem precisar fazer nada.

Aqueles que têm um grande autocontrole, ou que estão totalmente absortos no trabalho, falam pouco. Palavra e ação juntas não andam bem.

> *Repare a natureza: trabalha continuamente,*
> *mas em silêncio.* (Mahatma Gandhi)

Somos uma explosão de sentimentos borbulhando no trajeto entre o cérebro e o coração. Uns mais suscetíveis que os outros a esses sentimentos variados. Ganha quem consegue dominar a si mesmo.

Ao longo de nossa existência, vamos nos deparando com sensações que influenciam diretamente nosso raciocínio, inteligência e atitudes. Rimos, choramos, sofremos, comemoramos. Tudo está envolvido numa mesma embalagem, onde por fora somos autossuficientes, mas por dentro choramos escondidos, porque nossas emoções ainda não são algo que saibamos esconder totalmente. Por essa razão, facilmente somos levados à agressividade, afetividade, aflição, alegria, altruismo, amizade, amor, angústia, ansiedade, antipatia, incômodo, antecipação, apatia, arrependimento, autopiedade, bondade, carinho, compaixão, confusão, ciúme, constrangimento, coragem, culpa, curiosidade, contentamento, depressão, desapontamento, deslumbramento, dó, decepção, dúvida, egoísmo, empatia, esperança, euforia, entusiasmo, fanatismo, felicidade, frieza, frustração, gratificação, gratidão, histeria, hostilidade, humor, humildade, humilhação, inspiração, interesse, indecisão, isolamento, mágoa, mau humor, medo, melancolia, nojo, nostalgia, ódio, orgulho, paixão, paciência, pânico, pena, piedade, prazer, preocupação, raiva, remorso, repugnância, resignação, saudade, simpatia, sofrimento, solidão, surpresa, susto, tédio, timidez, tristeza e vergonha.

Você nem imaginava que dentro de si dormem tantos sentimentos e que eles têm tanta influência em sua vida, certo?

O que diferencia um profissional de outro, além do profissionalismo, é a capacidade de saber reagir a tudo o que acontece de inesperado, às pressões do dia a dia; é ter ética diante de dados confidenciais, ter simpatia na construção de amizades e humildade de reconhecer que sempre haverá o que a aprender e ensinar, sem o orgulho de manter represado o conhecimento que não lhe pertence.

Generosidade é dar mais do que você pode, orgulho é pegar menos do que você precisa. (Khalil Gibran)

Sabemos se o que fizemos foi bom, pelo retorno que recebemos. E sentimos quando algo foi mal, quando sentimos o peso que nos causou no final. Para isso, nossa consciência vive em alerta, e ela continuará incorruptível por não se curvar a nossa vontade.

O bem e o mal estão presente diante de nós como uma escolha, e nossas atitudes no final sempre refletem bem para qual dos lados decidimos seguir e qual companhia teremos quando chegarmos ao lado escolhido.

O que quer que você faça na vida, será insignificante, mas é muito importante que você faça, porque ninguém mais vai fazer. É como quando alguém que entra na sua vida e metade de você diz: "Você ainda não está preparado". Mas a outra metade diz: "Faça ela ser sua para sempre". (Mahatma Gandhi, do filme *Lembranças*)

Os lados da competitividade

Quando pensamos em um local de trabalho, logo nos vem à mente um lugar frio, com pessoas focadas em resultados, e com uma praticidade que até assusta, como se esse lugar não fosse feito para envolver relações de afeto e amizade. Boa parte dessa ideia está correta; no entanto, se encararmos essa condição como única alternativa, sem levar em consideração que o local de trabalho também pode oferecer satisfação, além da profissional, podemos com o passar do tempo começar a rotular o que fazemos, comprometendo nossa eficiência e rendimento profissional, convertendo o prazer em uma obrigação pesada, como se todos os dias se tornassem segundas-feiras.

O local de trabalho, onde moldamos nossa identidade profissional, deve ser um ambiente que proporcione conforto compatível com o desafio assumido, possibilitando a execução de atividades, facilitando o relacionamento entre as pessoas que nos ajudarão com as tarefas do dia a dia; além de ser um ambiente tranquilo, que possibilite criar expectativas de crescimento. Está certo que nem tudo está dentro de nosso controle e que não temos o domínio de tudo, no entanto temos o poder de influenciar positivamente nesse ambiente e no relacionamento com as pessoas que tratamos cotidianamente.

A competitividade é natural em locais onde as pessoas são estimuladas a ganhar dinheiro e a serem recompensadas por uma realização, uma vez que são avaliadas pelo conhecimento, pelas habilidades, pelas atitudes e também pela competência. Porém não são somente os mais fortes (influentes) que sobrevivem, mas também os mais ligeiros de raciocínio, os que desenvolvem depressa certas habilidades e possuem uma forte relação interpessoal. Infelizmente, é um cenário para poucos e poucos sobrevivem; no entanto, qualquer lugar onde tenhamos de lidar com mais de uma pessoa já carrega a tendência de ser difícil manter uma boa convivência.

Vivemos um casamento coletivo, no qual não se escolhe o noivo, não se conhece a noiva, mas mesmo assim somos obrigados a seguir no relacionamento, até quando um dos "cônjuges" se deixa envolver por uma oferta mais atraente ou quando é dispensado à queima-roupa porque a empresa encontrou um cara melhor. Essa relação se parece muito com a afetiva, com a sutil diferença de nesse caso não se envolver filhos. Nenhuma empresa determinada a garantir a expansão de seus produtos e serviços faz consultas prévias, antes de qualquer contratação, para saber se o próximo funcionário será conveniente para o departamento. Subentende-se que a pessoa que vier a ocupar o cargo fará de tudo para se relacionar bem com todos e mostrará com o tempo a que veio realmente.

Somos postos uns diante dos outros como num grande laboratório. A única coisa em comum é o fato de trabalhar pelo mesmo objetivo, no mais tudo é diferente, a começar pelo nome estampado no crachá. É claro que com o tempo vamos identificando as pessoas com as quais podemos construir afinidades, com quem iremos almoçar ou tomar um cafezinho, e quem sabe marcar um chopp depois do expediente; no entanto, é conveniente entender que, por mais cordiais que sejamos, nem todas as pessoas nos verão dessa forma, portanto é importante não deixar de focar nos objetivos e de avaliar os sinais que receberá ao longo do caminho, tanto os bons quanto os maus.

Nosso comportamento é avaliado diante das situações mais inusitadas. Podemos passar por grandes entusiastas e animadores, como também por tristonhos, reprimidos e contidos, o que importa é que de uma forma ou de outra estejamos interagindo com todos, do contrário o resultado da avaliação que se fará poderá ser diferente daquilo que gostaríamos de demonstrar; e não ter aliados num ambiente cheio de concorrentes é pouco estratégico.

Cada empresa avalia seus profissionais de maneira diferente. Pessoas de níveis e cargos semelhantes trabalhando no mesmo departamento podem juntas chegar aos resultados esperados, como também, estimuladas pela competição, tornarem-se rivais, colocando-se umas contra as outras e tornando o ambiente pesado e insuportável com o passar do tempo, propenso a discussões, traições, intrigas e fofocas, alimentando ainda mais três dos sete pecados capitais: a ira, o orgulho e a inveja.

Parte desses conflitos tem a ver com a maneira como reagimos a eles e também com a maneira como eles nos afetam. Conviver com pessoas inseguras, desconfiadas, centralizadoras e egoístas, torna o trabalho de achar uma saída que seja útil para todos ainda mais difícil e complicada, uma vez que a individualidade acaba sendo estimulada, e não mais o trabalho em equipe. Esse tipo de comportamento tem a ver com o perfil da empresa e também com o perfil do gestor responsável, não pela conduta individual de cada profissional, mas pelos valores necessários cobrados para manter o respeito e a ética dentro do departamento, o que deve ser extensivo a todos. O que não podemos esquecer é que somos todos funcionários da porta da empresa para dentro, com exceção do dono da empresa, que acaba sendo o chefe de todos, e que o lado pessoal de ninguém deve ser levado em consideração na hora de uma tomada de decisão.

Muita gente sente uma imensa dificuldade de separar o lado pessoal do profissional e acaba determinando que tudo esteja dentro de sua ótica, sentido-se superior a qualquer ponto de vista que cruze seu caminho e olhando todos com um olhar altivo, como se fossem submissos a sua vontade e avaliação. Esse tipo de pessoa, além de centralizadora, não acredita no potencial de ninguém, por isso não demanda, não capacita, não delega, não ouve e também não abre a possibilidade de discussões positivas, que gerem interesse coletivo.

Pelo contrário, essa pessoa prefere manter a empresa refém de suas planilhas e de seu jeito de fazer as coisas, como se fosse a única maneira correta, pregando os resultados pelo meio, defendendo com veemência a crença do "aqui sempre foi assim", como a maneira mais sensata de agir, deixando tudo como sempre esteve, não incentivando a inovação porque ela não garantirá os mesmos resultados.

Infelizmente, esse tipo de pessoa é o mais comum de se encontrar, e discretamente é o mais valorizado, ainda que seu comportamento seja tido como extinto dentro do cenário corporativo do futuro, uma vez que hoje em dia as pessoas são estimuladas a pensar, a questionar, a agir e a defender um ponto de vista que gere resultados e traga sucesso para a equipe. O "nós fizemos" soa muito mais bonito do que o "eu fiz", e quem se pronuncia dessa última forma, além de só pensar em si, sugere que todos os outros sejam incapazes de fazer o mesmo.

É complicado saber como a ética é aplicada dentro de cada empresa, uma vez que seu cumprimento não segue um padrão; no entanto, pode ser devidamente observada no tipo de funcionários que a empresa cria com o tempo, estimulando a discórdia por meio dos resultados camuflados de sangue e números. Sangue de alguém que foi morto e teve o corpo dilacerado por uma fofoca ou pelo roubo de um projeto seu que fora apresentado por outra pessoa que levou todos os créditos consigo. Essas pessoas sobrevivem do que pensam os outros, roubando ideias, fazendo intrigas e puxando tapetes; não porque se sentem melhores, mas porque são mais inseguras que todos. São capazes de se disfarçar de amigas para adquirir confiança, até descobrir a fraqueza de um colega, para que assim possa vendê--lo como um incapaz para o chefe. São capazes de descobrir um talento e passar a persegui-lo, tratando-o como um completo rival, por achá-lo capaz de usurpar seu cargo em pouquíssimo tempo, como elas próprias fariam se tivessem uma chance. A falta de ética desse tipo de profissional projeta nos outros o que ele é por dentro, como se todo mundo fosse capaz de fazer o mesmo, naturalmente.

Os desconfiados e inseguros agem da mesma forma como os fingidos, os corruptos, os ambiciosos, os dissimulados, os obcecados pelo poder de mandar, de punir, de denegrir e de perseguir, tomando os outros pelas próprias atitudes, ao invés de usar o poder para comandar, liderar e progredir.

A competitividade negativa atua de infinitas maneiras dentro da empresa, e todo mundo teria um exemplo para dar se fosse pedido; no entanto, faz parte do aprendizado humano conhecer pessoas que definitivamente não estão dentro de nossas escolhas, mas que fazem parte de nossas metas de convivência e sobrevivência. Somos incentivados a lidar com pessoas difíceis, embora aparentemente não vejamos nenhuma vantagem a curto prazo, porém, certos relacionamentos dentro da empresa são mais difíceis do que o próprio trabalho.

O que podemos e devemos fazer é reverter a competitividade em algo positivo e administrá-la a nosso favor, aumentando nosso conhecimento sobre determinadas coisas e nosso interesse pelo aprendizado, ainda que aquilo nem esteja dentro de nosso grau de atuação. Ao invés de ser apenas competitivo, sejamos também articulados, desenvolvendo meios e ferramentas capazes de agregar elementos positivos àquilo que dominamos bem. Ninguém é penalizado por querer aprender mais; no entanto, depois que aprendemos, deixamos de caber na roupa da inocência e a partir daí ou nós nos tornamos prevenidos, ou nos tornamos completos negligentes, e são dos "descuidados" que os ambiciosos mais gostam.

Não precisamos fingir uma amizade com as pessoas que nos tratam como rivais, mas uma aliança com essas pessoas, quando possível, é interessante. Até mesmo porque existe coerência na maneira como agem, como se comportam, tanto que também apresentam resultados interessantes para as pessoas que lhes delegam poder, justamente porque são inteligentes, versáteis e influentes, e esse é o diferencial para se manterem empregadas por tanto tempo.

Nunca deixaremos de estar como que na condição de espermatozóides, porque sempre teremos de lidar com um milhão a nossa frente, desde os riscos de virar uma estatística de morte neonatal, até a vaga na creche, no colégio, na universidade, na briga por um estágio, na conquista pelo amor de alguém.

Dentro de cada um de nós existem duas tendências, que devidamente manipuladas definem o que somos. Caridosos ou maquiavélicos, honestos ou inescrupulosos, benevolentes ou egoístas, isso não importa. Cada um tem o direito de escolher a vestimenta que melhor lhe cair bem; porém, cada uma das fantasias nos levará a uma festa diferente, e o quanto uma ou outra nos deixaria feliz não saberíamos responder, porque os ganhos e as perdas são meramente pessoais e intransferíveis.

Em maior ou em menor grau todos somos competitivos. O que define a intensidade é o quanto queremos ser e o que querermos ter, do contrário somos até parecidos. A competitividade está na roupa que usamos, nas ideias que defendemos, nas vantagens que contamos e até naquilo de que nos queixamos. Já parou para pensar que alguém competitivo não se queixa facilmente? Ele encara o fato e não lamenta achando que tudo faz parte das circunstância do próprio trabalho.

Ser um líder competitivo é saber liderar sua equipe, exigindo o melhor dela, estimulando a competição positiva com ideias que favoreçam a todos e que possam ser usadas por todos. Gerenciar pessoas é defender os interesses da equipe, os objetivos a que se quer chegar e os meios positivos de conhecer o caminho com competência e disciplina, e não estimular pessoas a se digladiarem, como se apenas os mais fortes tivessem direito ao Olimpo ao lado do chefe. No entanto, o próprio chefe que não souber praticar a coerência e a ética com sua equipe, poderá perder o cargo para alguém que disfarçado de eficiente planeja discretamente ocupar seu cargo no futuro.

A competência emocional e interpessoal é o elemento que irá propiciar significativamente a excelência no papel do executivo. Ele não precisa ser altamente especializado em sua área de atuação, mas sim dotar-se de competência interpessoal para liderar e para se relacionar com os outros, estimulando pessoas a trabalhar em equipe e conseguindo extrair de seu time o máximo possível para o sucesso organizacional, segundo Marta Regina Ribeiro Ferreira, analista de treinamento e desenvolvimento do Grupo Gafor.

A competitividade sempre irá existir, não importa onde estejamos. Ela é quem nos estimula a tentar, a querer mais, a querer ser alguém e ter sucesso. E o sucesso é a primeira coisa que incomoda os outros.

Quando Winston Churchill, ainda jovem, acabou de pronunciar seu discurso de estreia na Câmara dos Comuns, foi perguntar a um velho parlamentar, amigo de seu pai, o que tinha achado de seu desempenho na assembleia de vedetes políticas. O velho pôs a mão no ombro de Churchill e disse, em tom paternal: "Meu jovem, você cometeu um grande erro. Foi muito brilhante neste seu primeiro discurso na Casa. Isso é imperdoável! Devia ter começado um pouco mais na sombra, devia ter gaguejado um pouco. Com a inteligência que demonstrou ter hoje, deve ter conquistado, no mínimo, uns trinta inimigos. O talento assusta".

O talento, a habilidade, o conhecimento e força de vontade de fato assustam, por isso, antes de parecermos competitivos, é preciso humildade para entender que os outros também podem ser bons; mas, para competir, devemos ser os melhores.

Como devemos entender os problemas

A vida vai ficando cada vez mais dura perto do topo.
(Friedrich Nietzsche)

Muitas pessoas gerenciam as próprias vidas a partir desse paradigma, passando a encarar o desafio de ser feliz como uma montanha que não se alcança vivo, talvez por isso passam maior tempo trabalhando, enfurnadas em seus problemas, sem verem de perto o que fizeram de bom; e depois culpam o coração por ter parado repentinamente. Está aí uma coisa que não sabemos fazer: viver a plenitude das coisas que verdadeiramente importam.

Trabalhar duro, ultrapassar desafios, fazer sacrifícios. Em cada momento de nossa existência passamos por uma dificuldade que muda todo o rumo de nossa história e que, às vezes, repentinamente, nos faz deparar diante de um abismo. Nesse caso, a única solução é voltar e fazer um novo trajeto ou fechar os olhos e dar um passo à frente. Começar não é o problema. O problema é não ver sentido no começo, no qual tudo ainda parece informe.

O maior erro que você pode cometer na vida é ficar o tempo todo com medo de cometer algum. (Elbert Hubbard)

Não podemos simplesmente incluir o sucesso na lei do menor esforço, como se no caminho não houvesse espinhos, portas fechadas, frustrações, mágoas, dores e certo desconforto. É no trabalho que realizamos, que tiramos nosso sustento, alimentamos nossos filhos, desenhamos o futuro e criamos novas expectativas. São nas oportunidades que abastecemos nosso celeiro para enfrentarmos o frio do inverno e o calor do verão, e assim nos juntamos aos que levam a vida ocupados, atrás de suas mesas confortáveis, sem ver o dia brilhar atrás das persianas. Trabalhar é importante, só não podemos nos tornar escravos do trabalho, obcecados pelo "ganha-ganha", pelo "mata-mata", sem perceber que quem ganha mesmo é quem sabe viver a vida além da tarefa diária de segunda a sexta, das 8 às 18h.

Somos pessoas iguais, cujos braços possuem uma força diferente. E o bom executivo é aquele que percebe que seu sucesso dependerá de outras pessoas, e por isso não precisará dar conta de tudo sozinho; assim, ao longo da jornada, vai tecendo uma colcha de retalhos, muito bem costurada em valores, que levará consigo para sempre e não se afastará dela nunca, até que os problemas venham e ele tenha onde buscar uma solução, um conselho, um amparo, e até mesmo um modo de ver de fora para dentro. Isso o tornará uma referência a ser seguida por todos que vierem depois dele.

Tudo começa de um exemplo, que dá lugar a tendências, que mudam costumes, que geram conceitos, que, por fim, influenciam o mundo. O que acontecia numa época já não acontece em outra, e desse modo as novas gerações vão surgindo com novos valores. E nessa evolução toda criamos ferramentas que nos ajudam a ver o futuro que chega ao final da tarde, para que no dia seguinte já tenhamos que mudar o jeito de ver as coisas.

É preciso aumentar as doses de esforço, sem cobrar tanto de nós mesmos que seja até impossível vermos o que realmente importa. O executivo de hoje trabalha dobrado para alcançar desafios cada vez maiores, com o quadro de funcionários cada vez mais reduzido, com poucas horas de sono, pouco tempo para si e cobranças maiores do que desejaria. As metas estão cada dia mais audaciosas, os resultados cada vez mais inatingíveis e o grau de estresse cada vez mais insuportável. Só paramos para notar que a velocidade está acima do permitido quando a vida nos mostra que a vela está chegando ao fim. Então vem a pergunta: o que estamos fazendo por nós?

Quais são as coisas que devemos colocar em primeiro lugar? Como podemos nos organizar e colocá-las em prática? Até onde o mundo depende dos outros e qual nosso comprometimento em colocar a mão na roda? O que estamos fazendo para chegar vivo do outro lado, onde o sucesso habita? Será que no lugar para onde todo mundo está indo, haverá lugar para todos? Será que teremos que nos matar um ao outro no futuro para garantir a própria sobrevivência?

Parece que nas abordagens que fazemos a nós mesmos estamos priorizando sempre os problemas e as crises em detrimento de nosso bem-estar. É preciso coragem na hora de avaliarmos um problema, não o potencializando demais para não desencorajarmos facilmente. Os problemas existem e não temos como evitá-los. Basta que tudo esteja dando certo para em seguida dar errado. Por isso é preciso termos em mente o que realmente é importante, para não gastarmos energia com um trabalho inútil, despendendo esforços desnecessários, o que não nos permite viver uma vida melhor e nos impede de administrar todos os papéis de um modo mais equilibrado, sensato e honesto. O que quero dizer é: não sabotemos a nós mesmos com ganhos substituíveis e nem nos conformemos com as conquistas que vierem fáceis demais, para nãos irmos juntos com os problemas quando eles vierem.

O que devemos entender com os problemas é que cada um de nós tem um, e que mais cedo ou mais tarde todos encontramos a solução para eles. Ter um problema significa segurar um molho de chaves nas mãos diante da porta trancada. Quem encontra primeiro aquela chave que abre a porta certa, corre depressa para a porta seguinte até que chegue à última.

Colocamo-nos a mercê das agendas, dos calendários, das listas de "coisas a fazer", de modo que possamos estar onde nos comprometemos, sem perder a hora. Programamos o relógio e nosso corpo para que nos despertem mais cedo, e nos esquecemos de reprogramá-los para recuperar o tempo perdido. As pressões são cada vez maiores e a todo instante nos comprimimos mais para ver se cabem mais tarefas, esquecendo-nos que nossa motivação vem do tempo que guardamos para nós mesmos, para recobrarmos nossas forças e fazermos com que as coisas realmente saiam do papel, como os velhos planos guardados na gaveta, onde estão todas as promessas não cumpridas e as demais frustrações. Seu filho completou quinze anos e daqui a três estará pensando em sair de casa, e você ainda lamentando o reajuste do leite, sem se quer perceber que para ambos a vida passa tão depressa quanto um balão solto ao vento. Chega uma hora em que a pressão, tanto de dentro quanto de fora, estoura a bexiga, e o que antes parecia alegre se torna uma borracha sem graça caindo do azul do céu sobre o cinza da calçada. Na visão do pessimista todos os problemas duram para sempre e os momentos felizes passam depressa. Para não cairmos nesse calabouço, devemos manter o otimismo de ver que para tudo há um jeito, até que os problemas passem depressa e os momentos felizes durem para sempre.

Não há problema tão grande que não caiba
no dia seguinte. (Millôr Fernandes)

Você precisa dar valor a si mesmo e não somente a suas ambições. Tire fotos, mas viva os momentos. Contabilize pessoas e não planilhas. Dê valor a sua imagem e não à imagem que você insiste em querer que os outros vejam. Dedique-se a colocar sua vida em ordem. Privilegie os projetos de prosperidade e de trabalho, mas não se esqueça de executar aqueles que o priorizem. Abra o coração e limpe o passado. Uma boa maneira de fazer isso é colocar coisas boas ocupando lugares vazios e de pouco uso. Há tantas coisas que custamos a entender, mágoas que nunca param de doer e lembranças que não fazem parte do presente. Faça resgates de valores que permitam abrir seu coração, sarar as feridas que estiverem abertas, perdoando o que foi inevitável e lhe permitindo viver um novo tempo.

A vida começa quando a gente compreende que
ela não dura muito. (Millôr Fernandes)

Não finja que não existem coisas que o incomodam; assuma isso e encontre uma solução para saná-las. Não case se não tiver certeza de que será feliz com a pessoa escolhida, e não escolha o silêncio das palavras e o frio da solidão. Não se separe se ainda perceber que existe amor por trás de velhos hábitos. Só não ame todo mundo, porque isso é desespero, mas respeite cada pessoa individualmente, colaborando, ou pelo menos tentando, para a felicidade de todos que o cercam.

Aprecie ser admirado, querido e respeitado por suas ações e ajude os outros a encontrarem um jeito de serem melhores de alguma forma. Mexa-se. Exercite-se. Excite-se. Mostre que o sangue que escorreu pelos corredores do escritório se renovou em um novo homem, que nasceu de dentro para fora. Pratique a simplicidade de ver as coisas de acordo com as necessidades de uso e não de consumo, e quando possível resgate o menino que se divertia mais com a caixa de ferramentas do velho pai do que com os brinquedos cheios de botões.

> *A vantagem de ter péssima memória é divertir-se muitas vezes com as mesmas coisas de sempre como se fosse a primeira vez.*
> (Friedrich Nietzsche)

Há meios de vivermos melhor se nos concentrarmos no centro, onde as coisas acontecem. Não existe problema que não possamos resolver ou dificuldade que não saibamos ultrapassar. Tudo dependerá da quantidade de tempo que gastaremos lamentando, e lamentar não repõe o estoque. Precisamos sair do conformismo que aprisiona a mente humana num poço que parece raso.

> *O ser humano pode viver amordaçado dentro de si, ainda que sua língua esteja livre para falar. Pode viver acorrentado, ainda que suas pernas estejam soltas. Pode viver asfixiado, ainda que seus pulmões estejam abertos.* (Augusto Cury)

Poucos terão a sorte de passar pela vida sem a necessidade de trabalhar; no entanto, vivê-la sem desafios ou sem fazer qualquer esforço faz com que percamos o rumo e a valorização de certas conquistas. Há quem lamente os problemas muito antes de eles acontecerem. Gastam energia à toa tentando empurrar para baixo a razão de se manter para cima e depois recorrem ao psicanalista para que os ajudem a resolver seus problemas, e se decepcionam em poucas sessões, quando o conselho é tentar aprender a resolverem seus problemas sozinhos. Com isso trocam de médico, como se o problema fosse ele.

Não importa onde estejamos e com quem estejamos, o mundo não vai parar para ouvir nosso choro. De gente fracassada, o abismo da preguiça está cheio. Basta olhar para o lado e ver alguém de braços cruzados, consumindo os remédios que o governo fornece de graça, apoiando-se nos trabalhos que os outros fazem, sobrevivendo da própria sorte e da caridade alheia. Há quem não tenha nenhuma dignidade para se incomodar com isso.

Não se desespere facilmente. Se tudo não tivesse jeito, você não estaria vivo. A vida não desperdiça o tempo dela à toa. Seja mais realista com as oportunidades que tem e encare que ainda há uma solução escondida no bolso. É hora de parar de ficar olhando para o mundo, como se tudo tivesse que ser de uma só maneira, e trate logo de abrir uma porta. Chega uma hora em que será impossível passar imune a alguns arranhões e cicatrizes; portanto, encare isso como uma necessidade inevitável e dê um passo à frente. Certa vez, Confúcio escreveu: "Para que ficar se preocupando com a morte se a vida tem tantos problemas que precisam ser resolvidos primeiro?"

Nesse texto, fiz questão de colocar frases dos pensadores mais célebres que existiram ou existem, para que pudéssemos ver que cada um, a sua maneira, encontrou um conceito para aquilo que vivia e diante disso nunca mais foram os mesmos, porque influenciaram positivamente a vida de outros.Isso se tornou uma corrente permanente de sucesso, em que cada um pega o que tem, junta com o que não tem e descobre parceiros. É nas alegrias que encontramos nossos inimigos, porque serão os que mais se incomodarão com as vitórias que conseguirmos; e é nos momentos ruins que os amigos se aproximam, dando a força que precisamos para não tropeçar e cair no buraco.

A única liberdade que não devemos alimentar é a profunda necessidade de se queixar. As outras devemos incentivar que criem longas asas, para que não esgotem a alegria de voar.

Certa vez li em algum lugar que quando alguém diz "Não", os problemas se acabam, pois os problemas realmente começam quando alguém diz "Sim". Talvez seja por isso que eles são infindáveis, já que é o "Sim" que nos motiva tanto e nos mantêm na estrada sem olhar para trás.

Quanto aos problemas do mundo, que o mundo resolva. Quanto a seus problemas, resolva você!

Confiança – A porta de entrada para si mesmo

Há seis requisitos básicos para o sucesso: o primeiro chama--se fé, e os outros cinco confiança. Eis a condição fundamental de nossa vida.

A confiança é a pedra fundamental de nossa existência e da relação que temos com nós mesmos e com outros semelhantes. Sem confiança ficaria difícil acreditar em probabilidades, circunstâncias, fórmulas químicas ou em qualquer coisa que não estivesse diante de nossos olhos, ao alcance de nossas mãos, e tantas outras em que cremos mesmo sem nunca ter visto. Nela estão baseadas as amizades, as relações familiares, os velhos e novos romances, os acordos comerciais, os novos negócios e todo tipo de projeção para o futuro. Desistiríamos de tudo já nos primeiros erros e jamais nos curvaríamos sequer à possibilidade de cometê-los, ainda que alguns deles resultassem em acertos, em brados de vitórias, em comemorações como as de final de filmes que nos emocionam, quando o mocinho é ovacionado pela torcida ao marcar ponto no penúltimo instante do jogo. Nossa vida, assim como nos filmes, é resultado de uma crença compartilhada, quando não duvidamos de sonhos possíveis, mesmo que nossa fé seja pouca para acreditar que existe água no deserto.

A confiança é um mal necessário, já que não podemos fazer tudo, não conhecemos tudo e não estamos presentes em tudo, nem nos fatos mais óbvios de nossa vida. Os livros estão recheados de personagens confiantes, entusiastas, desbravadores que foram abrindo estradas onde não havia passagem, responsáveis pelas grandes navegações, que foram cruzando mares tendo apenas as estrelas como guia. Tudo está baseado na confiança e sem ela nada existiria; confiando uns nos outros é que a vida de cada um é escrita. Confiamos nossa casa e a vida de nossas famílias nas mãos de completos desconhecidos, e é importante confiar também em si mesmo, mesmo que pareça uma ironia cheia de riscos.

A autoconfiança é a primeira relação de amor que temos com nós mesmos, uma vez que a confiança que temos no mundo e nos outros está fundamentada em valores independentes de nossas crenças. Tanto a autoconfiança quanto a confiança nos outros se formam com a palavra, com o caráter, com os ideais que ouvimos de nossos pais, e da certeza de que todo homem de bem pensa e age como um homem de bem, fazendo o que for mais sensato para si e para todos. É impossível nascer sabendo tudo, muito menos aonde iremos chegar, sem começar crendo em si mesmo para saber se estamos no caminho certo. Assim se formaram os grandes pensadores do passado que continuam influenciando nossa atualidade. Formadores de opinião como nós, médicos, engenheiros, grandes maestros e, por que não incluir nessa categoria, os escritores, que vivem de contar o que sonham, mesmo sem a certeza de encontrar quem os ouça?

A autoconfiança é capaz de mudar tudo. Nascemos, aprendemos a andar sob passos em falsos, caímos e não desistimos de tentar, mesmo que nossa mente seja muito jovem para admitir a derrota. Começamos uma faculdade na esperança de que quando nos formarmos seremos tão promissores quanto a profissão que escolhemos. Casamos com a convicção de que o ato de dividir o mesmo teto com mais alguém nos fará mais felizes do que já somos. Criamos nossos filhos na certeza de que morreremos primeiro que eles.

Tudo, absolutamente tudo, está baseado na confiança, e com ela criamos as expectativas sobre nossos planos, acreditando que podem dar certo, e que a ninguém cabe o direito de colocar dúvida, muito menos diminuir nossa capacidade. Seguimos imaginando os sonhos mais íntimos e nos empenhamos na realização deles; no entanto, não basta apenas querer, é necessário confiar e ter a vontade de vê-los acontecer. Não há nada que façamos na vida que não seja em busca de resultados; almejamos que os sorrisos se abram para nós e confirmem que loucos eram os outros, que não viam o que nós vemos. Todo empreendedor acredita mais que os outros. Ele lança a semente sobre a terra, mesmo sem ter a certeza de que fará uma boa colheita, acreditando que sol e a chuva serão suficientes para a plantação e que o preço da venda compensará todo o trabalho. Somados a isso, somos metade a fé que depositamos em nós mesmos e outra metade as certezas que nos fazem tapar os ouvidos para a desconfiança que vem dos outros. Enquanto houver esperança, lá estará a vitória, e vitória a gente só vê quando não tem medo de tentar, mesmo errando tanto.

As regras foram feitas para as pessoas que acreditavam que eram necessárias, assim como remédios foram criados a partir do veneno que intencionavam combater. Bastaria uma dose errada para pôr fim à diferença entre o médico e o monstro. Tudo o que temos, vestimos e comemos é feito por alguém com o mesmo potencial que o nosso, mas a essa pessoa damos todo o crédito quando compramos e usamos seus produtos e reconhecemos que não faríamos melhor, da mesma forma quando alguém nos confia metas a serem alcançadas e assinam com isso a oportunidade de provar que a todo custo faremos o melhor para atender a suas necessidades. É uma troca justa, na qual não há emendas nem rasuras.

Hermógenes escreveu certa vez em seu livro *Mergulho na Paz:* "Quando eu disse ao caroço de laranja que dentro dele dormia um laranjal inteirinho, ele me olhou estupidamente incrédulo". Incrédulo, porque a autoconfiança é o que diferencia uma pessoa de outra, não permitindo que ninguém duvide de sua capacidade e reduza seus limites. Não há parâmetros para quem sonha acordado e se realiza colocando a cara no trabalho, passando madrugadas inteiras desenhando possibilidades em caminhos que desconhece, mas que ninguém o proíbe de sonhar.

Se não contarmos a ninguém nossas fraquezas e os medos que sentimos, ninguém saberá de nossos pontos fracos ou de tudo que nos fragiliza. Só nós sabemos os males que nos tornam humanos por debaixo da capa de super-heróis e todas as coisas que precisamos fazer para recuperarmos as forças. Por isso ter a autoconfiança e a autodisciplina devidamente ajustadas é tão importante para nos tornarmos pessoas otimistas, seguras, entusiastas, com garra para seguir adiante sem hesitar, mesmo que não haja quem nos acompanhe.

Deus criou o mundo e no sétimo dia descansou. Se Deus não tivesse feito nada, certamente teria prolongado seus dias de descanso, mas a preguiça não dignifica um Deus perante sua criatura. Ora, se Deus não fosse um grande empreendedor, não estaríamos aqui tentando criar nosso mundo dentro do mundo que Ele criou, e não teríamos direito ao descanso divino que ele gozou. Há quem diga que foi aí que Deus errou, deixando que a criatura, ainda incompleta, dominasse o resto do mundo. "A confiança é a mãe do descuido", já dizia Baltasar Gracián y Morales. E é por esse descuido que vagamos em busca da tão sonhada perfeição.

Ser autoconfiante demais também é um problema, como tudo que é feito em exagero, podendo nos tornar arrogantes, presunçosos, egoístas e causar mais danos do que resultados positivos. A autossuficiência em excesso é pouco eficiente, e são necessárias prudência e sensatez para não exagerarmos na dose e deixarmos de perceber que precisamos das outras pessoas.

Assim como ser confiantes demais é prejudicial a nossa vida, ser inseguros demais nos torna temerosos de tudo. O pessimista vê uma derrota em cada tentativa e um fracasso em cada possibilidade. Para ele, é melhor admitir-se fracassado do que merecedor de vitórias. Coloca dúvida em si mesmo e alimenta o ciúme e a insegurança. Assume-se digno da confiança alheia com a mesma convicção que desconfia dos outros. É capaz de apontar dez defeitos, mas incapaz de tecer um elogio. Por medo de perder, reserva-se o direito de não abrir a guarda. Prefere defender-se acusando ao primeiro sinal de alguma ameaça. Desestimula as pessoas e se fortalece. Não compra livros de autoajuda porque não confia em si mesmo. E o pior de tudo é que, mesmo sendo pessimista, nunca está sozinho, porque há quem acredite em suas lamúrias e veja sensatez nos enganos que prega. Em suas filosofias, a derrota está para o fracasso assim como a água está para o gelo.

Na mesma batida segue o conformista, que aceita as condições que lhe são impostas, sem reclamar, permitindo-se limites, trancando-se numa caixa sem jamais resistir ao que lhe dizem atrás dos muros. É mais fácil conformar-se do que reivindicar, de que renegar o que não lhe agrada. Os conformados não mudam de casa, não mudam de hábitos, não mudam de emprego. Não ajudam, para não acumular favores de ninguém, seguindo a filosofia do "melhor sozinho do que mal acompanhado", sem perceberem que por si só são as piores companhias que poderiam ter. Os conformistas depositam suas chances em possibilidades remotas e se limitam a pronunciá-las o tempo todo como autoflagelação: "Somente quando forem despedidos procurarão um novo emprego", "Só quando perderem peso pensarão em casamento", "Só quando perderem a vergonha terão mais amigos", "Somente quando ficarem mais velhos buscarão a Deus".

O confiante, abusando de sua sensatez, vai além de suas forças para conquistar o sucesso. Não se amedronta com a derrota e não se deixa vencer facilmente. Fortalece-se com os desafios, alimenta-se de obstáculos e da capacidade de superar cada barreira. Entusiasma-

-se com as pessoas, deixando-as motivadas a seguir, a confiarem em seu trabalho e a não duvidarem de gentilezas. Não reclama se for preciso juntar esforço, suor e algumas lágrimas para realização de seus planos. Reforça os nervos e os músculos para as lutas mais difíceis e se alimenta de ansiedade e de trabalhar duramente, mantendo a confiança desce cedo, ainda que não a tenha herdado de seus pais.

Madre Teresa, certa vez, reunindo-se com seus superiores, disse que tinha apenas três centavos e o sonho de construir um orfanato. Como resposta foi repreendida por um deles, ao dizerem que com aquele dinheiro não se poderia fazer absolutamente nada; no entanto, confiante, ela abriu um sorriso e lhes disse: "Com Deus e três centavos, eu posso fazer qualquer coisa!"

Se com três centavos é possível construir um orfanato, imagina o que seria do mundo se você acreditasse em si mesmo? Não duvide, e o mundo se curvará!

A solidão de nossas horas

Solidão é quando o coração, se não está vazio,
sobra lugar nele que não acaba mais.
(Pe. Antônio Maria)

Acho que é bem por aí. Quantas vezes ao nos olharmos no espelho não deparamos com alguém de certa forma tão só? Só, e não é pela ausência de pessoas em volta, mas por um vazio que parece não ter fim. E assim, vez ou outra, fechamos os olhos para mergulhar nesse vazio e tentar entender o que faz falta.

Hoje, a solidão das grandes cidades beira uma realidade muito superior ao que conseguiríamos imaginar poucos anos atrás. Vivemos num corre-corre tão grande, com tempo contado para tudo, com compromissos que beiram a loucura e tendo que atender a tudo e a todos, ao mesmo tempo, que muitas vezes não nos damos conta do quanto nos sentimos sozinhos. Optamos por um mundo prático, que não nos faça perder tempo e que nos ajude a esticar as horas. Que tudo funcione ao toque do botão e que saia pronto para ser consumido em minutos. Fazemos tudo de maneira tão automática para atendermos à pressa que só paramos para respirar quando, ao voltar para casa, ligamos o rádio do carro, e já pensando em qual prato congelado aqueceremos para o jantar.

A pressa para terminar o dia, antes que o outro comece, faz com que esqueçamos o motivo pelo qual chegamos até ali. A TV desliga-se automaticamente, mal conseguimos contar cinco minutinhos e já estamos dormindo. Nossa vida passou a ser tão cronometrada, que mal conseguimos administrar nossa rotina, e o pior é que nós nos acostumamos a isso e todo mundo, de alguma forma, faz a mesma coisa. O trânsito, a pressa, as tarefas, as obrigações que nos aprisionam a todo instante camuflam o que sentimos ou como nos sentimos; talvez seja por isso que as redes sociais estejam crescendo tanto hoje em dia. Funciona como uma válvula de escape, um meio de sustentar um tipo de vida social, com poucos ou muitos amigos que o sigam, quase sempre de gente desconhecida, num ambiente pouco caloroso, uma vez que muita gente não resiste à tentação e acaba tomando conta virtualmente da vida dos outros.

A internet e a velocidade com a qual o mundo tem se movido nos dias de hoje têm nos colocado numa ilha virtual, onde só é possível chegar por meio de conexões realizadas por algum meio de comunicação como MSN, Orkut, Facebook e tantos outros por aí. Graças a esses meios de interação, as pessoas têm se aproximado mais e têm estabelecido contatos mais facilmente, mesmo que virtualmente, e a velocidade da informação tem-se multiplicado; no entanto, esse meio virtual também acaba não fixando o contato ou não valorizando quem está do outro lado, devido à facilidade de atrair e descartar pessoas. Com a mesma velocidade com que são adicionadas, são também excluídas. Com a pressa de encontrar alguém melhor ou parecido, as pessoas acabam colocando em xeque o valor individual de cada ser humano. Estamos vivendo um desajuste social, e não somente uma facilidade de interação entre pessoas. "O excesso de gente nos impede de ver as pessoas", já dizia Mário Quintana.

Muitas coisas nos dias de hoje vêm ganhando mais velocidade. As tecnologias, a versatilidade de produtos, o acesso a determinado tipo de informação, que antes só era possível por meio das enciclopédias. A tristeza, que hoje vai além do pranto, dando lugar ao que chamamos corriqueiramente de depressão. A busca incansável por uma beleza padronizada, que não existe, e por uma perfeição que jamais será alcançada, levando nossos olhos a uma realidade fantasiosa, tornam-se os principais fatores que alimentam ainda mais a solidão das grandes cidades, que infelizmente tende a aumentar com o passar dos anos.

A violência e a falta de segurança e de respeito entre as pessoas fazem com que nos aproximemos de um egoísmo que nos protege e nos afugenta de nós mesmos.

Acostumamo-nos à cor acinzentada das marquises, mas estranhamos quando alguém desconhecido sorri para nós. Surpreendemo-nos quando um passarinho pousa em nossa janela voluntariamente ou quando a velha orquídea aparentemente morta na sacada amanhece nos presenteando com uma flor. São coisas às quais deveríamos estar acostumados, e não ficar surpresos. Criamos paredes e nos apegamos a elas. Criamos pontes para gerar facilidade, e não para ligar pessoas. A cada instante estamos buscando alguma coisa, que logo sai de linha, que logo perde a graça; é isso que move o mundo.

Crescemos rápido demais à medida que o tempo passa. Praticamente a cada Copa do Mundo lá se vai uma geração. Mal chegamos à adolescência e já somos instruídos a escolher uma carreira promissora, que seja economicamente rentável, para não deixar de alimentar o consumismo ao qual fomos acostumados, e deixamos de notar ou de nos preocupar com quais pessoas cruzaremos nessa jornada. Aprendemos a falar de nossas ideias em público, mas somos advertidos a falar pouco sobre nossos sentimentos. Somos estimulados a defender nossas escolhas, mas seremos interpretados como fracos se chorarmos em público.

A cada momento somos instigados a conhecer o capitalismo que move o mundo, mas não sabemos nada sobre como nos relacionar com outras pessoas, o que esperar ou como investir em um relacionamento, como fazer e manter novos amigos. É duro abrir a guarda, mas solidão é um mal que oprime milhões de pessoas, quer sejam as de sucesso, as que possuem fama ou até mesmo gente como a gente. Há solitários de todos os tipos e gêneros, mas nem sempre ser sozinho é uma escolha. Nem sempre isso é uma decisão meramente egoísta.

Na vida corporativa a solidão existe, impondo uma frieza e nebulosidade na vida de qualquer executivo que ocupe uma posição de liderança. Quanto maior for o posto, mais solitário tende a se tornar o executivo, pela visibilidade e pelo poder de mandar e demitir, o que acaba impondo certo temor. Ninguém quer almoçar com o chefe, ninguém convida o chefe para um cafezinho ou para as comemorações modestas de funcionários. Geralmente, os gestores ficam de fora de comemorações por conveniência e porque os funcionários não se sentem muito à vontade com a presença de quem manda.

Sem contar a solidão da confiança, uma vez que muitos se aproximam do chefe de maneira mal-intencionada, com a ideia de se tornar amigo e aproveitar o prestígio e as vantagens a que o chefe tem direito, e também com sede de se tornar íntimo do chefe, resultando em preferências, promoções, entre outras situações, no caso de alguma coisa dar errado na carreira e na empregabilidade.

Nem sempre o chefe é o vilão que estamos acostumados a imaginar. Alguns verdadeiramente sofrem apesar das aparências. As pressões, as cobranças, as decisões são capazes de causar a solidão no Olimpo, onde se deveria ser o centro das atenções.Os executivos também sofrem desse mal que pode levar à depressão.

É através das relações interpessoais que a vida corporativa se delimita. Na solidão não existe troca de ideias, e as possibilidades de se tornarpleno se esvai. (José Ricardo Grilo, Diretor da Uno & Verso, Consultoria em talentos humanos)

Os relacionamentos desinteressados estão cada vez mais escassos, ao passo que os relacionamentos por conveniência estão em alta. "Até que a morte nos separe" passou a ser "Até que a partilha dos bens nos declare". Bem diferente do tempo de nossos avós, em que se casava com alguém para construir uma vida juntos, pau a pau, tijolo por tijolo. Hoje a vida tem mais pressa. Não basta ter apenas a casa própria, é importante já ter dado entrada no financiamento em outra na praia. Ter o carro de passeio, mas também o carro da família, e assim fica fácil tornar a vida uma grande loteria, encurtando o caminho até um casamento estável e confortável.

É incrível o que fazemos hoje em dia para criar vínculos com as pessoas. Não basta apenas a empatia, mas também o status social e o marketing profissional como moeda corrente entre nós. É como se disséssemos: "Fale-me quem tu és que te direi se passo meu cartão, se te dou meu e-mail, se te adiciono ao meu Orkut ou Facebook".

Francis Bacon certa vez pronunciou que "a pior solidão é não ter amizades verdadeiras". E ele não estava errado. Quanta gente de sucesso por aí só vai se dar conta dos amigos que tem quando perde o que os torna atraentes? Nem queira fazer um teste para avaliar se você tem muitos amigos ou quanto estará sozinho quando a dificuldade bater à porta. Num mundo competitivo como o nosso, poucos são os aliados que não nos veem como concorrentes.

> *Que importa morar aqui ou lá quando se descobre que se está sozinho em qualquer lugar?* (Débora Bötcher).

Sempre há solução para a solidão que sentimos, ainda que não a admitamos. O sucesso é sempre uma desculpa para riscar a solidão do dicionário; afinal de contas, quem o tem não está sozinho, não é isso? Então por que as drogas estão cada vez mais perto de quem não tem motivo algum para reclamar de solidão, do que de nós mesmos, para quem a única droga é focar no trabalho como forma de escapar dela? A solidão está para o espírito, assim como a dieta está para o corpo. No trabalho, então, quanto maior o posto, mais solitário é o sujeito. Não é fácil estar no comando de tudo, como se soubéssemos a solução para os problemas do mundo.

Grandes executivos, imponentes na posição que ocupam, postos feito um farol incumbido de enxergar um problema à distância ou uma oportunidade infalível, sentem-se solitários muitas vezes por causa do fardo de super-homem que carregam, sem ter alguém que consiga ver o que realmente são e como realmente se sentem. Acabam entregando--se à tristeza, à depressão e ao alcoolismo como fuga, e só percebem o que estão fazendo de suas vidas quando ela própria, a vida, mostra-lhes que tudo que é levado ao limite explode e termina. Quem disse que o sucesso não é solitário? Afinal de contas, do alto da cordilheira, pode-se ver quase o mundo inteiro, porém a visão é fria e silenciosa.

Há uma diferença muito grande entre viver sozinho e morar sozinho. Morar sozinho muita gente mora. Acho até que deveria ser uma condição irrefutável, antes de se tentar viver a dois ou com mais pessoas. No entanto viver sozinho é para poucos. Apenas para os que conseguem se refugiar entre paredes brancas e sólidas e ver-dadeiramente conseguem viver sem necessidade de expor seus sentimentos e sua individualidade, e dependendo do quanto isso faça alguém feliz até nem vejo como problema. Mas milhares de pessoas que têm dificuldade de encontrar com quem partilhar sua vida, sua intimidade, seus sonhos, suas frustrações sentem solidão.

> *Solidão: está aí um lugar bom de visitar uma vez ou outra, mas ruim de adotar como moradia.* (Josh Billings)

Preto e branco, pobre e rico, feio e bonito. Do menor para maior. Todo mundo sente solidão.

Há momentos infelizes em que a solidão e o silêncio se tornam meios de liberdade, e isso nos torna fortes; no entanto, não acredito que tenhamos vindo a este mundo para vivermos trancado numa torre, sujeitos a poucas visitas. Há tanta coisa para vermos longe da aldeia onde vivemos e tanta gente para conhecer além das pessoas do trabalho, que acaba sendo um desperdício passar pela vida e ir direto para a morte, sem deixar alguém que ao menos sinta nossa falta. Conheço muitas pessoas que só sabem falar de si mesmas e que quando não encontram quem as ouça, se fecham e vão embora dizendo que não têm amigos. Mas isso, por mais que pareça um exemplo de egoísmo, na verdade é uma maneira que elas mesmas encontraram de chamar atenção de alguém.

> *A solidão é o preço que temos de pagar por termos nascido neste período moderno, tão cheio de liberdade, de independência e do nosso próprio egoísmo.* (Soseki Natsume)

Não podemos viver alienados por achar que quem morre de solidão são os outros. Não importa quem somos ou onde vivemos, em algum momento somos acorrentados por esse sentimento, e o sabor dele causa um gosto amargo na boca. É a coisa mais natural que existe, à qual nos acostumamos facilmente. Solidão de amigos, dos familiares que moram distante, de um amor para se ter por perto, que aqueça nossos pés e que nos olhe com sinceridade. Temos necessidade de nos relacionarmos, de termos nossas confusões e um amigo que nos acompanhe na hora do almoço, ainda que de graça. Ninguém de sucesso chega ao topo sem ter alguém ao lado para celebrar, porque até para o sucesso precisamos das pessoas. Ninguém neste mundo nasceu para ser só, e ainda que tenha nascido isso seria muito doloroso.

Se esse for seu caso, aprenda de alguma forma a levantar bem alto sua pedra, para que em algum lugar haja alguém precisando dela para montar o "quebra-cabeça" que essa vida nos obriga a jogar todos os dias. Vendemos para todo mundo a ideia de que no lugar onde estamos a felicidade é um porto seguro, mas a própria felici-dade não é algo que se engane assim facilmente. Se não dissermos a nós mesmos quais são nossas prioridades, perderemos a chance de contar uma história que serviria de exemplo para muita gente. Quer seja no trabalho ou na vida pessoal, a solidão é uma visita que não deve nos tomar muito tempo.

Como já dizia o escritor Pablo Neruda:
"Solidão é uma ilha com saudade de barco".

Rejeição
O espelho que escondemos de nós

Prepare o seu coração/ Prás coisas/ Que eu vou contar/ Eu venho lá do sertão/ Eu venho lá do sertão/ E posso não lhe agradar...
(Geraldo Vandré e Théo de Barros)

É uma pena que nem toda rejeição resulte em letra de música; porém, a maneira como a encaramos, pode mudar consideravelmente a reação que ela nos provoca. Seria bom se nenhum ser humano soubesse o que a rejeição é capaz de fazer e o mal que ela causa; no entanto, assim como os demais sentimentos são importantes, a rejeição também é, e faz parte do crescimento individual de cada um, pelo qual todos passamos. Um tipo de mal necessário para avaliarmos nossa conduta e darmos o devido direcionamento a nossa vida.

De uma coisa a gente precisa ter consciência: há vida após a rejeição. Embora pareça que não, e a gente só aprenda vivenciando, conforme vai ganhando maturidade e percebendo que faz parte da natureza de cada ser vivo, temos necessidade de ser aceito, admitido, permitido e aprovado em qualquer convívio coletivo, onde quer que haja uma hierarquia a ser respeitada.

Nossa moral, nossos sentimentos e principalmente nossos anseios mais íntimos de prosperidade passam por isso. Somos postos à prova desde criancinhas, quando somos admitidos no colégio, entre a turma da sala de aula, o time de futebol lá do campinho e os amigos do condomínio, enfim. E desde cedo somos expostos ao *bullying*, impiedosas brincadeiras e maldades que nos colocam em choque com esse sentimento tão destrutivo, entristecendo, deprimindo e denegrindo a imagem ainda informe de nós mesmos.

Em qualquer situação em que haja pessoas, estamos sujeitos à rejeição, e ela pode acontecer da maneira mais sutil e imprevisível possível, como numa paquera corriqueira não correspondida na balada, no olhar de desprezo que alguém nos lança, entre nossos amigos, nossos parentes e pessoas bem próximas. Não é possível conhecer exatamente as intenções de cada pessoa para saber se caberemos perfeitamente no que ela espera de nós. Assim como nossas necessidades, as necessidades dos outros são inimagináveis, e o tempo todo parece que vivemos nesse equilíbrio de interesses, buscando de alguma forma não ser preteridos, mas queridos e respeitados. Não é fácil definirmos a que grupo pertencer, e quando isso acontece corremos o risco de reforçar nossos defeitos, nos permitindo ficar com quem pareça ter os mesmos limites que os nossos ou bancando os arrogantes e nos juntando aos "insuperáveis". Em qualquer um desses grupos estaremos nos separando dos demais, e isso também não impede que sejamos repelidos de algum modo.

A cada instante estamos buscando aceitação, por isso ao longo da vida vamos pertencendo a diversas tribos, até que nossa maturidade e personalidade estejam devidamente formadas. Até que isso se defina, lá se vão anos de experimentos, que podem resultar numa grande perda de tempo ou num contínuo laboratório, que levaremos conosco para sempre. O que devemos aprender com isso tudo é que não importa as escolhas que façamos e os resultados delas, nosso crescimento é pessoal e deve ser buscado por nós mesmos, nunca pelas outras pessoas. Do contrário nossa personalidade estará sujeita a uma falsa aparência, que nos machucará ainda mais, uma vez que naturalmente separamos o joio do trigo e nos permitimos certas escolhas, mesmo que nem sempre acertadas.

A roupa que usamos, a música que ouvimos e até os caminhos por onde passamos definem bem o estilo que temos. Não existe certo ou errado. O que existe é o aceitável e o inaceitável pelas pessoas que nos observam, e nosso individualismo, que é quebrado quando nos sujeitamos ao direito de qualquer um de nos contestar. O que não podemos fazer é tratarmos a outra pessoa como inferior por causa de suas escolhas, como se ela não tivesse sentimento e autonomia para decidir sobre seu próprio estilo. Mas infelizmente é exatamente isso que fazemos. Repudiamos, recriminamos e sentenciamos.

O tempo todo "pré-conceituamos" alguém, e isso é maior quando não conhecemos bem esse alguém e não entendemos seus reais motivos para tomar certas atitudes, como se vivêssemos numa grande fábrica de seres humanos em série, e cada ser humano saísse de uma linha de produção com um selo de padrão de qualidade.

Por quantas mudanças cada um nós passa, da infância até a velhice? O tempo todo mudamos de estilo, de corte de cabelo, de opinião. Conhecemos a nós mesmos à medida que vamos conhecendo os outros. O que o outro faz pode nos causar uma mudança de atitude, de opinião, assim como a exclusão automática de todas as outras (atitudes, opiniões) que não fazem parte de nossa preferência.

Está observando como a rejeição está tão presente em nossa vida? Sem esse sentimento não conseguiríamos nos aperfeiçoar, como no caso de pedir perdão, por exemplo, quando reconhecemos que julgamos friamente e condenamos quem quer que tenha uma opinião contrária a nossa. No entanto, há escolhas inevitáveis que a vida nos faz encarar e que somos obrigados a aceitar. Escolhemos nossa identidade, mas não nossa família. Escolhemos nossos amigos, mas não nossos vizinhos. Escolhemos a profissão, mas não as pessoas com quem trabalharemos. Tudo, de alguma forma, nos ensina um jeito novo de ver as coisas, e é isso que nos faz mudar de opinião constantemente.

Condenamos a prostituta, mas não compreendemos seus motivos; separamos o negro do branco, como se pudéssemos separar a raça do ser humano, como se vivêssemos num processo seletivo tão intenso, que isso nos excluísse da condição de sermos reprovados, por quem quer que seja. A rejeição, assim como o egoísmo, a avareza, a raiva, é um sentimento que precisa ser cuidadosamente dosado para não gerar violência, porque tanto por quem pratica a rejeição, quanto por quem sofre a rejeição, é natural a reação de repulsa, de ódio e de rebeldia, e isso resulta em formas de agressão. Hoje, há leis que protegem os cidadãos, colocando essas atitudes desumanas como condenável perante os homens; no entanto, não nos eximimos de praticá-las todos os dias, mesmo sujeitos a uma punição severa.

Não podemos excluir de nossas vidas as pessoas que terão menos importância, como nos processos seletivos de uma empresa, onde somente seres humanos eficientes, inteligentes, competentes, qualificados, decentes e que sejam capacitados, com uma conduta exemplar e moral para a oportunidade em questão, são postos para dentro. Fazemos isso também em nossa vida pessoal, não é mérito apenas do local onde trabalhamos; no entanto, é direito de todos ter uma vida decente, de crescimento, de conhecimento e de oportunidade de se expor ao sol numa pedra bem bonita, como um sapo à beira da lagoa.

Assim como o fracasso, o sucesso também é uma consequência, e isso serve tanto para as pessoas de classes mais favorecidas quanto as de classes com menor poder aquisitivo. A condição de vida de cada um não exclui a sorte que a vida reserva para cada pessoa. Não temos o direito de excluir o feio, assim como não podemos afirmar que em nossa vida só os mais belos nos fizeram felizes. Estaríamos limitando o que chamamos de felicidade, e isso ninguém jamais aceitará. De pais bonitos também nascem filhos feios, assim como o contrário. E, francamente, se nossas mães fizessem apenas o que nossos pais gostariam que fizessem, certamente não teríamos nascidos e não teríamos nos tornados o que somos hoje, quer sejamos bonitos ou feios aos olhos de quem nos julgue.

Nossa vida é um processo de aceitação, e quando essa aceitação não passa no controle de qualidade, somos lançados impiedosamente num poço aparentemente sem fundo e raso ao mesmo tempo. Todo mundo já passou por isso em algum momento de sua vida, e para muitas pessoas a reprovação as tornou melhor do que eram, deixando-as mais seguras do que pensavam que fossem e mais fortes do que imaginavam ser. Quando vamos entender que a aparência não é tudo, não compra tudo e não garante tudo? Desprezamos e somos desprezados a cada instante. A cada hora que passa estamos mais perto dos cem anos, e por esse motivo somos tratados como ultrapassados pelos mais jovens, que chegam a este mundo como se tivessem mais garantias do que muita gente que chegou antes. Os mais jovens trazem consigo muita inexperiência, baseando-sena pouca idade que possuem para alcançarem o tal selo de aprovação; mas e se não fossem os cuidados dos mais velhos, que fizeram ou fazem parte de sua vida, como sobreviveriam?

Da mesma forma que parece cruel trocar a namorada só porque a outra tem o corpo mais bonito, trocar uma pessoa mais velha por outra mais nova não parece justo; mas, como eu disse acima, a novidade pode ser um fator importante nessa troca, mesmo assim não impossibilita que a jovem troque, no futuro, o mais novo por outro mais velho à medida que seu gosto fique mais apurado com o passar do tempo.

A rejeição é uma ferida assintomática. Pode até não sangrar, mas dói do mesmo jeito.

Não podemos julgar a vida dos outros pela sorte que tivemos. Isso só complicaria ainda mais o julgamento de nós mesmos, quando poderíamos ter sido mais feliz do que realmente fomos e poderíamos ter feito muito mais pelo outros e não fizemos. Se o reino dos céus fosse herdado somente pelos afortunados, pelos bonitos, pelos perfeitos e pelos que atingiram em sua vida o padrão máster, ultra, mega de qualidade, imagina como seria esse Deus que nos iria julgar e os anjos com quem viveríamos a eternidade? Certamente não seria o mesmo Deus que veio à Terra, que foi humilhado, cuspido, traído e morto. Não seria o mesmo que emudeceu quando seu povo bradou: "Soltem Barrabás!"

Como se dissessem: "Soltem o bandido, o corrupto, o assassino, o enganador, o estuprador de criancinhas indefesas e coloquem o justo, o inocente, o sábio, o humilde, o Deus na cruz e preguem suas mãos e pernas e o matem na frente de todos". Ainda bem que Deus é melhor e mais justo, porque do contrário, caso quisesse testar nossa humanidade, nos dias de hoje, seria pregado à cruz novamente.

Não somos melhores que ninguém, nem mesmo perante os loucos, que em sua confusão mental são mais inteligentes e sensíveis que nós. Debaixo do sol e das condições do clima, padecemos do mesmo modo, não importam a raça, a crença e tampouco a condição social. Basta um dia sem banho e nosso corpo começa a exalar a humanidade que há em nós. Basta a alma sair do corpo, e tudo o que temos e fomos é trancafiando na escuridão da sepultura. Não existe garantia que algum ser humano nessa vida seja mais perfeito que outro ou que haja uma linha exclusiva de dons e talentos para determinado tipo de gente, que não se misture com os menos prováveis a tê-los. Somos passíveis de substituição, de troca, por qualquer um que esteja mais capacitado, que seja mais eficiente, mais qualificado. Não há nada que mude isso, nem mesmo a sorte.

Somos iguais perante a lei, não importa quem nos julgue ou quem bata o martelo. A única coisa que difere um ser humano de outro ser humano é a quantidade de amor que este seja capaz de dar a quem quer que seja, sem preconceitos e sem a péssima mania de querer que todos pensem da mesma maneira. No mais, somos tão carentes de afeto e de carinho quanto um filho carece do leite da mãe, do contrário, conforme Chico Buarque, em *A Construção*, morreríamos na contramão atrapalhando o sábado... (e o tráfego).

Oportunidade

Está aí uma coisa que perdemos a todo instante:
Oportunidades!

O que são as oportunidades senão fendas abertas diante de nossos olhos com uma escolha onde se pode repousar a planta do pé? É a letra capaz de pronunciar a palavra ou até mesmo o olhar para onde aponta o dedo.

As oportunidades são números ímpares somando de par em par em nossas vidas. Não é muito fácil entender, porém fica fácil compreender quando ela aparece.

Vivemos das oportunidades e elas existem por nós. Estão nas janelas que abrimos, nas escolhas que fazemos, nos passos que damos. Uma vez perdidas, não retornam a sua origem porque estão ligadas ao tempo e o que é do tempo nada se muda. Reforçam em nosso íntimo a convicção do que queremos, mas nunca nos dizem até onde irão. E perdê-las é como trancar uma porta e aguardar pela possibilidade de que outra se abra. O que seria de nós se não pudéssemos contar com esses descuidos da vida. Seriam realmente descuidos? Será que o universo realmente conspiraria a nosso favor, sem tirar nenhum proveito disso, simplesmente por falta de alternativas? Será que nos daria a faca e o queijo para matarmos a fome quando quisséssemos?

Felizmente, não é bem assim que as coisas funcionam. As oportunidades assemelham-se ao sucesso e muitos confundem sucesso com sorte, já eu prefiro acreditar que a sorte nos encontra por meio do trabalho porque é assim que ganhamos nossa vida, honestamente, com muito suor, muito esforço e dedicação. São dessas coisas que a sorte se alimenta e é assim que chegamos aonde queremos chegar. São poucos os que conseguem alinhar a realização profissional sem deixar de lado a vida pessoal com tanta propriedade e com a mesma ousadia de abrir a porta e peitar o mundo sem medo e ressentimento. Muitos priorizam a vida pessoal, mas sem uma carreira definida, tendem a se tornar pessoas frustradas por não conseguirem recursos para realizarem seus sonhos, assim como quem não tem tempo para a vida pessoal devido ao trabalho, esqueceu de rever prioridades na agenda de compromissos. Porém, não podemos deixar de frisar que nada acontecerá igual para todo mundo. São as oportunidades que podem fazer a grande diferença entre uma pessoa e outra, e as decisões e atitudes que cada pessoa toma podem levá-la ou não a fazer com que as coisas aconteçam. Nada vem gratuitamente, afinal de contas seria leviano afirmar que as oportunidades acontecem por pura sorte ou aleatoriamente.

Sorte é quando a capacidade encontra-se com oportunidade.
(Sêneca)

Nossa vida depende da junção de três ciclos: OCASIÃO, OPORTUNIDADE E TEMPO. Sem esses três ciclos jamais teríamos sucesso. A ocasião gera o motivo pelo qual o desejo é planejado. A oportunidade aciona a nossa intenção para projetar algo novo, e o tempo é onde as coisas acontecem. Como não sabemos o momento certo em que esses ciclos estarão alinhados, uma vez que cada um anda em sentido contrário ao do outro, nossa única defesa é não deixar de querer e sonhar. Tudo parte do impulso em querermos de fato alguma coisa e forçar a sincronia desses ciclos. No entanto é bom lembrar que nada é assim intransponível. É possível quebrarmos etapas e seguirmos da ocasião para o tempo ou até mesmo forçar a oportunidade para causar a ocasião. No entanto isso não quer dizer que as coisas vão durar o tempo que teriam que durar. Seria como forçar o amor de alguém que ainda não está preparado para amar. Assumir um cargo de liderança sem ter adquirido a experiência que o cargo exige. Sair com o carro do pai, sem ter completado a maioridade para tirar a habilitação. Enfim, qualquer decisão que burle as etapas da vida compromete a sua eficiência.

Quando falamos em sucesso, e sucesso entendemos como algo que provém do trabalho, passamos a compreender que não é simplesmente a sorte que influencia uma vida promissora, mas também as oportunidades. O sucesso vem acompanhado de muito planejamento, de horas de dedicação, de minutos ininterruptos de inspiração. A oportunidade não espera que estejamos totalmente seguros para que ela aconteça, no entanto, se estivermos preparados, ela desenha o caminho. E estar preparado é estar capacitado, experiente e pronto, sem deixar de estar também interessado. É compreender que para assumir desafios, antes de tudo, precisamos pensar nas ferramentas que utilizaremos na preparação dos planos e do referencial que seguiremos. Sem isso, corremos o risco de guiarmos nosso barco sem um rumo certo, com probabilidade de afundar. É preciso entender que certas conquistas trazem arranhões, mas é importante seguir em frente sem desanimar.

É melhor estar preparado para uma oportunidade e não tê-la, do que ter uma oportunidade e não estar preparado.
(Whitney M. Young)

Saber aproveitar as oportunidades é o comportamento diferencial que o bom empreendedor deve ter. O bom empreendedor é o que tem um olhar de turista, aquele que a tudo observa e não deixa nada passar despercebido ao seu foco, seja pela novidade ou pelo espanto. Para ser um bom empreendedor é preciso saber perceber um problema e nele vislumbrar uma oportunidade e uma solução. É preciso saber fazer das experiências atalhos que possibilitem encurtar caminhos, e ver em cada pessoa uma oportunidade de vender uma ideia, um projeto. Apostamos todas as fichas no que sonhamos e onde houver probabilidade, ali dorme uma oportunidade que costuma ter sono leve e que acorda ao simples toque, despertando para a possibilidade de realização.

Não basta planejar e continuar com as pernas suspensas para o ar. É preciso força de vontade para saber alinhar os desejos e seguir porta a fora. Tentar até cansar. E, descansado, emplacar novamente sem cessar e não desistir sem esgotar todas as possibilidades. Oportunidade não é sorte. A única coisa que se sabe sobre sorte é que ela muda. E o inverso de sortudo é o azarado, tão azarado que até quando cai de costas, quebra o nariz. Já a oportunidade é uma coisa que acontece rápido e às vezes quando se percebe, já passou. E quem a deixa passar é um descuidado, porque entre mil oportunidades que tiver na vida só prestará atenção naquelas que já foram perdidas. Portanto, tome muito cuidado na hora de fazer essa comparação, inventando desculpas para justificar a falta de esforço, revertendo trabalho em preguiça.

Todos nós buscamos o que os outros também buscam. Ou seja, conforto, trabalho, sucesso, segurança, realização, dinheiro, poder, independência e prazer. E perder o entusiasmo fatalmente nos levará ao conformismo, fazendo-nos perdendo o poder de reação, e, consequentemente, a confiança em nós mesmos.

A paciência é uma sabedoria praticável e saber controlar a ansiedade é tornar o coração calmo e esperançoso pelas coisas boas que ainda estão por vir, sem duvidar de que a vitória é possível. O bom pescador mantém o anzol sempre armado para o peixe distraído de águas tranquilas.

Manter os sapatos sempre limpos e a fé sempre polida nos deixa preparados para uma festa que pode acontecer de surpresa e a qualquer momento. Ela pode acontecer agora, aí mesmo onde você está sentado, enquanto lê este livro. Sem mais nem menos poderá surgir agora a sua frente uma chance de fazer o que nunca ninguém pensou em fazer. Ou colocar em prática uma ideia que nunca alguém tenha tido antes. São essas coisas, essas oportunidades que fazem a diferença e que não devemos deixar passar assim por entre os dedos. Estar atento aos detalhes pode, quem sabe, representar a descoberta de soluções criativas em nosso trabalho e em nossa vida.

Todo dia aquele devoto entrava na igreja puxando sua sorte para dentro, segurando o chapéu entre as mãos, olhando para a Santinha e dizendo: "Minha Santinha, tu conheces bem a minha vida, por isso me faz ganhar na loteria". Sempre que ele cruzava a porta, aliviado por ter deixado diante do altar o seu pedido, a Santinha sutilmente olhava para a porta e dizia: "Ao menos uma única vez, jogue na loteria".

O poder das decisões

Onde você estará daqui a cinco anos? Espero que tenha progredido, e muito. Mas, para isso acontecer, você deve ter acertado quase a totalidade de suas escolhas, do contrário poderá ter perdido cinco anos, recomeçando sempre, sem ter chegado a lugar algum.

Escolher requer habilidade e lucidez, por isso gastamos horas ou dias pensando, imaginando, sonhando, planejando para que tudo dê certo. Somos capazes de montar um arsenal de ideias, colocando a imaginação para trabalhar, e também pensando num possível plano "B", caso alguma coisa saia errada no decorrer do percurso.

Todas as decisões que tomamos vão influenciar naquilo que planejamos ou sonhamos ser. Nada passa imune a isso. Podemos acordar às sete horas ou às sete e meia, podemos optar pela gravata amarela ou a preta com listras vermelhas, seguir por um caminho ou por outro. Não importa. Qualquer alternativa já terá nos dado o direito de fazer uma escolha que pode influenciar no resto de nossos dias. Outro dia, falando com uma amiga, ela me contava que por pouco escapou de um grave acidente. Ela se distraiu procurando o crachá da empresa dentro da bolsa e não percebeu que o farol havia aberto, enquanto o carro do lado logo se adiantou assim que o farol ficou verde e acabou não tendo a mesma sorte. Outro veículo, em direção contrária, acabou ultrapassando o sinal vermelho e acertando em cheio o carro que havia passado primeiro. Um acontecimento do qual não se está livre, mas que pode alterar o curso de nossas vidas, apenas por uma fração de segundos. Não dá para entrarmos no mérito da questão e avaliar se isso foi mero acaso, um caso de sorte, destino ou um acontecimento banal. Cada pessoa pode ter uma opinião baseada naquilo que acredita, no entanto não deixa de ser uma escolha.

Todos os dias entregamos nossas vidas a uma alternativa, baseados naquilo em que acreditamos, que queremos e sonhamos. Somos motivados a fazer o que é certo e optamos pelo melhor em tudo o que fazemos, embora nem sempre saia como planejamos. Cada coisa parece ter o seu lugar e o tempo certo para acontecer, e quando alguma coisa dá errada, ou mudamos de rumo, ou tentamos voltar ao passado para rever onde erramos. Temos que estar sempre dispostos a tentar novamente. A persistência pode ser um item importante na resolução de um problema ou na realização de um sonho, mas também uma frustração enorme se insistimos naquilo que não nos parece viável, sem ter muito a nossa cara e em que insistimos como uma meta fundamentada, e dela não abrimos mão. É preciso termos a consciência de avaliarmos o que é bom e o que não é bom para a nossa vida, assim como manter o bom senso, para evitarmos perda de tempo, sabendo que sempre haverá outra saída e outras possibilidades, quem sabe mais fáceis e melhores.

Erros e acertos estão contidos na identidade humana que carregamos em nós e isso nos torna aprendizes o tempo todo. Reagir bem aos acontecimentos, além de mostrar maturidade em aceitar os fatos inevitáveis, também é uma questão de escolha. Sofrer ou não sofrer? Tentar novamente ou não? Mudar os planos ou seguir com os mesmos? Tudo é uma questão de escolha e em tudo dedicamos parte de nossa vida tentando chegar a algum lugar. Mal nascemos e logo somos compelidos a aprender a andar, a prestar atenção ao atravessar a rua, a não conversarmos com estranhos, a procurar um emprego, a comprar um carro, a construir uma família. Aprendemos a tomar decisões vendo a decisão de outras pessoas sabendo que estamos inseridos no mesmo contexto. Ninguém vai por um caminho que não leva a lugar algum, no entanto muita gente vê pontes onde outros veem precipícios. Tudo é uma questão de como a vida nos orienta a tomar determinado caminho e nele seguir. A cada instante, tomamos essas decisões baseadas nas coisas que vemos, sentimos e como interagimos com elas, e a elas nos entregamos literalmente.

Quando embarcamos em um ônibus, temos a convicção de que o motorista está habilitado para transportar pessoas. Acreditamos com segurança que o médico tem o conhecimento do medicamento que está nos prescrevendo. Que o dentista sabe o procedimento correto a ser adotado. Enfim, acreditamos que todas essas pessoas sabem o que estão fazendo pela confiança que nelas depositamos, do contrário, teremos perdido a única coisa que temos de valor no mundo e que, uma vez perdida, não tem volta: A vida.

Nada do que fazemos é aleatório, tampouco casual. O instinto de sobrevivência que usamos desde a tenra infância nos faz sermos responsáveis pela nossa vida. Não comemos algo que nos pareça estragado, não seguimos por uma rua que nos pareça perigosa, não nos relacionamos com pessoas que não pareçam confiáveis, enfim, tudo isso nos mantém vivos e de certa forma saudáveis. Quando abrimos o guarda-roupa, qual a primeira pergunta que nos vem à mente? Com que roupa eu vou! Quando na verdade a pergunta sincera que estamos nos fazendo é: "Com qual roupa eu quero ser visto hoje?" Se não fosse por essa pergunta, qualquer roupa nos serviria, afinal de contas ela não serve apenas para guardar a nossa nudez e nos proteger do frio? Como nem para toda ocasião cabe todo tipo de roupa, pensamos bem na frente do armário, antes de optar por uma que nos represente, que ajude a vender o produto que somos para as pessoas que nos comprarão. Para cada receita, uma medida. Para cada ocasião, uma decisão.

Fazer escolhas não é fácil. Ainda mais quando não se tem alternativa para devolução. Uma profissão, por exemplo. Uma escolha profissional errada nos fará percorrer todo um caminho já previamente traçado, sem contar a frustração diante do erro cometido. No entanto, reconhecer um erro já é prenúncio de um acerto, ainda que ele demore para acontecer. Só precisaremos de tempo, e tempo nem sempre é algo que temos, por isso nos habilitamos a tomar CHÁ todos os dias. CHÁ é uma sigla: C de Conhecimento, H de Habilidade e A de Atitude. Sem essas três letrinhas não conseguimos dar um passo à frente. É claro que coragem, força de vontade, ousadia, determinação, caráter, objetivo e disciplina também contribuem muito, mas para cada palavrinha dessas, temos uma escolha para fazer ou não.

Vivemos escolhas todos os dias, escolhas estas que ninguém poderá fazer por nós. Só nós mesmos. São elas que nos tornam fortes, nos abrem os olhos e nos fazem ver quanto pode ser muito vantajoso sair do esconderijo onde vivemos. Não estamos imunes às situações da vida. Elas acontecem mesmo quando não fazemos nada. Proteger-se o tempo todo de algo que pode acontecer a qualquer momento pode se tornar uma paranóia sem fim. Sair ou permanecer dentro da carapaça pode ser uma vantagem ou desvantagem. Só você é capaz de avaliar os riscos. Por fora a carapaça pode tornar a tartaruga sábia e forte, no entanto faz com que ela pareça ultrapassada, lenta e velha. São as decisões que tomamos que nos fazem ter seguidores. Ou você acha que alguém costuma seguir alguém frustrado, perdido e sem noção alguma? Não, meu caro, ninguém se arriscaria a esse ponto.

São os pesos das nossas decisões, e não propriamente a vida, que sobrecarregam os nossos ombros. O que fazemos e o que deixamos de fazer são o que define por onde caminharemos e até aonde chegaremos. Usamos apenas a comparação com outros seres humanos iguais a nós para sabermos se fizemos muito ou pouco.

Há uma linha muito tênue entre aproveitar e ser aproveitado, mesmo que as alternativas sejam as mesmas e os parceiros também. Cabe decidir quem vai tirar mais vantagem ou quem vai curtir mais a festa.

Opte pela bicicleta se achar que ela é melhor que o casamento. Case depois dos trinta, depois de morar sozinho e ter exercitado a sua individualidade, antes de dividi-la com mais alguém. Tenha filhos em números ímpares para que você tenha sempre com quem se preocupar. Qualquer alternativa estará correta e nenhuma será exata. Qualquer uma das escolhas que fizer o levará a um caminho a percorrer e a uma linha de chegada diferente.

Quando optamos por alguém, estamos eliminando um bilhão de outras pessoas que nos fariam mais ou menos felizes, assim como um emprego, uma casa nova etc. Apenas amigos a gente não se arrepende por ter demais, isto é, quando consegue. Para os demais, sempre optamos por um quando não podemos optar por todos, por isso escolher é perder sempre. No entanto, quando a escolha que fazemos é a melhor de todas, a sensação de ganho é bem superior que qualquer alternativa que possa ter ficado para trás. Apenas para a dignidade não podemos permitir outras opções. Não devemos fazer nada que agrida a nossa consciência, a nossa benevolência e a nossa integridade, por isso quando alguém opta por sentar-se com outras pessoas e não conosco, nosso prazo para superar essa perda tem que ser contido e imediato. Acreditar no amor incondicional de uma única pessoa é eliminar outro bilhão de pretendentes por um que pode parecer um equívoco sem precedentes. Por isso é importante avaliar bem tudo o que fazemos para depois não ficarmos nos perguntando onde foi que erramos.

Como já dizia Gary Collins: *"Podemos evitar fazer escolhas através de não fazermos nada, mas mesmo isso já será uma decisão".*

Optar por alguém é uma escolha, portanto amar alguém também não deixa de ser uma escolha. Há uma cota de erros permitidos para cada categoria de nossa vida, por isso há quem tenha mais sorte no amor do que no jogo; no entanto os valores são bem diferentes quando achamos quem queremos e definimos que a nossa felicidade tem o mesmo tamanho e o diâmetro do nosso braço. Ser feliz para sempre e fiel a todo custo é possível. Basta não darmos a chance de olhar duas vezes e de não pensar depois. Manter o foco e não duvidar. Somos os únicos a avaliar se estamos certos ou não. É o nosso grau de satisfação que diz aos outros se estamos ou não estamos felizes. Ser infeliz e solitário também é uma escolha.

Bom senso. Está aí uma palavrinha boa para definir as escolhas que fazemos. As demais são consequências.

Viver a intensidade de nossas escolhas faz com que guardemos na memória uma caixinha de boas recordações, assim como velhas fotografias. Por meio dessas recordações, conseguimos avaliar tudo o que foi parte de nossa vida em momentos remotos e que decisões e conflitos foram tão importantes para compor a nossa trajetória.

Muitas circunstâncias da vida são criadas por três escolhas básicas: as disciplinas que você decide manter, as pessoas com quem você decide estar, e as leis que você decide obedecer.
(Charles Millhuff)

Somos aquilo que comemos e o que escolhemos a cada instante. Ninguém, nem mesmo o Papa, está ileso às decisões que toma, até mesmo pela santidade que o faz diferente dos outros homens. Chega uma hora em que as alternativas acabam, mas daí, no extremo, optar pela morte nunca é uma saída sábia ou santa, porque a fé proporciona esperança mesmo no auge dos limites.

Haverá sempre em tudo e em qualquer circunstância uma possibilidade e uma alternativa de escolha. Quer sejam os amigos, os inimigos, a cidade, o emprego, o carro, a mulher, o marido. Já os filhos, optar por não tê-los, quando a vida já fez a escolha, continua sendo um crime, consciente ou inconsciente para quem o pratica. As demais escolhas dependerão muito do nosso esforço físico e psicológico para manter ou até mesmo decidir por não ter.

> *Escolho os meus amigos pela sua boa apresentação, os meus conhecidos pelo seu bom caráter e os meus inimigos pela sua boa inteligência. Um homem não pode ser muito exigente na escolha dos seus inimigos.* (Oscar Wilde)

Agora que sabemos onde estamos, o que somos e o que fazemos, fica mais fácil entender que tudo é uma questão de escolha. Então, que a felicidade seja a escolha perfeita de todos nós, uma vez que a velhice não nos permitirá alternativas.

O medo nosso de dada dia

Quem não tiver medo que atire a primeira pedra,
mas não corra!

Quem nunca teve medo, quando criança, de ser esquecido pela mãe no supermercado ou de voltar para cama depois de ter assistido sozinho a um filme de terror na sala?

O medo faz parte da nossa vida e em algum momento já nos deparamos com esse sentimento que nos deixou paralisados de alguma forma, sem fôlego e com os pés gelados. Por mais que mascaremos o temor com atos e palavras de valentia, isso pouco tem efeito, se o motivo do medo não for devidamente identificado. O medo de alguma forma faz bem. É por causa dele que passamos boa parte do tempo em que estamos acordados, atentos. A falta dele sim representaria um problema, uma vez que sem ele atravessaríamos as ruas sem o receio de ser atropelados, comeríamos qualquer coisa, mesmo que parecesse veneno, e iríamos a todos os lugares sem temer a violência. A gente sente medo por temer o sofrimento, por perder alguma coisa que seja importante e também como forma de preservar a própria vida. Sem o medo, viveríamos alheios a tudo como completos insensíveis e faríamos da coragem um adjetivo sem sentido.

Quando resolvi perguntar a algumas pessoas qual seria o seu maior medo, muitas souberam responder de prontidão sem questionar, já outras ficaram pensativas antes de responder pela intenção da pergunta, justamente porque o medo fragiliza, debilita e depõe contra nós. É capaz de nos colocar frente a frente diante do nosso algoz sem pena alguma, o que pode causar imenso pavor. Sentir medo não é vergonhoso, uma vez que as circunstâncias que causam o medo fogem ao nosso controle; no entanto viver temendo a tudo e a todos, pode se tornar um fardo bem complicado de carregar, se não for devidamente administrado. O que fazermos antes de dar qualquer passo é nos assegurarmos de que estamos fazendo a coisa certa, de que estamos optando pelo melhor caminho e que as pessoas que nos seguem são confiáveis. O medo de andar de bicicleta pela primeira vez é o mesmo medo de fazer a prova do vestibular, de falar diante de um público desconhecido, de uma entrevista de emprego, e de assumir alguma coisa totalmente desconhecida. Por outro lado são os atos de bravura que nos alimentam de experiências e nos enchem da vontade de continuar tentando. É assim que nascem as vitórias, com a coragem sobrepondo o medo, e o sucesso não se deixando abater pelo fracasso.

Nos primórdios dos tempos, o homem para defender a si mesmo e a sua espécie buscou meios de assegurar a sua vida e a vida do grupo ao qual pertencia. Com o passar dos anos, vieram as guerras, as revoluções e todo tipo de acontecimento, que fizeram com que o homem ficasse preso aos conflitos, preso ao medo do social e da convivência, porque infelizmente este é o medo que mais cresce e dia a dia precisamos superá-lo.

Nosso medo é criado a partir de uma anormalidade de conduta. Qualquer pessoa que fuja do que é tido como normal, já nos amedronta, por isso nos assustamos toda vez que algum desconhecido nos aborda na rua e pede uma informação ou somos tomados de surpresa por gentilezas de desconhecidos pensando na possibilidade de segundas intenções por trás do gesto. Passamos a ter medo até do que seria perfeitamente natural, mas agimos desconfiados como forma de proteção.

Não quero me ater aqui apenas ao medo da violência que toma conta dos noticiários diariamente e que nos alimenta com um pavor típico dos grandes centros. Quero falar de outros medos, tão normais quanto o ato de respirar, e que está presente em nossas vidas, como o medo de altura, de escuro, de elevador, de aranha, de avião, de maresia, de ser traído, de se decepcionar, de errar, de falar em público, de amar e não ser correspondido, de não se casar, de casar e não dar certo, de fantasmas, das balas perdidas, de alguém que de uma hora para outra possa entrar em nossa casa pondo em risco a vida de nossa família, da desatenção dos motoristas, da desonestidade dos nossos governantes, da impunidade dos bandidos e da natureza humana que torna qualquer pessoa capaz de tudo, inclusive nós mesmos. Ou achamos que já conhecemos a nós mesmos e também nossos limites? O que fazemos é procurar seguir uma vida sustentável e feliz, e ser feliz nos dias de hoje é poder sair de casa para o trabalho e poder voltar no final do dia em paz, podendo reencontrar a família em volta da mesa e comentar como foi a jornada, suplicando a Deus que no dia seguinte sobrevivamos às incertezas do mundo.

E o que dizer do medo de envelhecer, por exemplo? O medo de completar 30 anos, de fracassar, da rejeição, da mudança, de ser abandonado, de ser criticado, de parecer ridículo e tantos outros medos que passamos a vida inteira tentando evitar?

Quem nunca se preocupou em envelhecer e perder a ousadia de viver que a jovialidade nos traz? O medo de envelhecer está presente em todos nós, cingindo de flacidez a nossa pele, enfraquecendo o nosso corpo e pintando de branco os nossos cabelos, mudando sutilmente a aparência de alguém que já estávamos acostumados a ver no espelho. É uma barreira enorme ultrapassar a curva cronológica da vida, de nascer, crescer, multiplicar e morrer. Estes são fatos que tornam iguais todos os homens perante o tempo. Envelhecer é só mais um estágio, assim como são a infância, a adolescência e a fase adulta, e cada fase representa um tipo de conquista diferente.

Como não temer algo que tem parentesco com a morte, uma vez que envelhecer faz parte da vida, assim como as nuvens fazem parte do céu? Não há outra solução para esse dilema já que o nosso crescimento físico e psicológico depende das nossas experiências de vida que estão embutidas em uma solução de prazer e tristeza, como num remédio que traz o gosto amargo da cura, e morrer faz parte do calvário de cada ser vivo. O tempo, com o passar dos anos, torna-se um inimigo tão presente que só sossega quando nosso corpo desiste de lutar contra ele; e a única saída é aprender a viver a vida com a certeza de que tudo que existe nela valerá de fato a pena. Ao contrário, ficar alimentando a preocupação com a morte à luz da vela, com medo de que um vento mais forte apague a chama, é complicado, até mesmo porque não se morre apenas de velhice. Precisamos ter a consciência muito bem ajustada para que não vivamos em desespero, até mesmo porque esse caminho não tem volta. Por isso, viver sem medo de ser feliz é entender que todo o tempo existente é valioso.

O medo de chegar aos 30, o receio dos 40, o marco dos 50 e a indolor fase dos 70 anos também fazem parte do medo que nos consome um ano por dia. Chegar aos 30 é um misto de ansiedade e pavor para muita gente que acabou de passar pela adolescência e que ainda mantém o doce sabor dos 20. No entanto, para uma grande parte das pessoas, quando os anos chegam, a questão do prazer passa a virar uma das grandes preocupações. Aos 30 anos, muitos se apavoram porque consideram um divisor de águas sem precedentes. Boa parte desse temor é porque não se encontra justificativa para muitos dos erros cometidos, que na época, por falta de experiência, achávamos que contribuíam a nosso favor. Nossa carreira e nossas idealizações de sucesso passam a afligir a nossa alma na busca desenfreada da realização profissional que nos garanta independência, nos fortaleça e nos torne melhores em todos os passos que dermos.

Depois dos 30, somos levados a pensar em um relacionamento duradouro, a ter amigos com afinidades permanentes, a ter a casa própria e a começar a se preparar para responsabilidades maiores como ter uma família, filhos e estabilidade. São diversas decisões a assumir, e itens obrigatórios que pesam sobre os ombros como aluguel, contas de consumo, despesas da casa, creche, empregada e muitos incluem, inclusive, as obrigações com o cachorro.

A solidão é outro medo que acompanha a linha do tempo e nos coloca diante do seguinte dilema: será que quando envelhecermos teremos chegado aonde passamos a vida inteira planejando? Será que teremos todo o conforto que buscávamos quando o status parecia ser maior que a necessidade? Será que as pessoas que estarão a nossa volta serão as mesmas que escolhemos por amor ou por afinidade ou tudo não passou de aparência? A solidão está relacionada aos valores que alimentamos ao longo da nossa existência, como a realização de um sonho, as amizades, um amor duradouro, e que acabam não acontecendo ou se desfazendo. O ser humano cria relações para não viver só, mas sabe que há risco de fracassar e perder as amizades. Talvez seja por essa razão que gostamos tanto do circo: porque nele podemos sentir medo, sem correr perigo.

Desde criança somos levados a ter medo do escuro, porque é a luz que nos dá segurança e certeza. Mas de olhos fechados também podemos imaginar, refletir, e assim criar possibilidades de realizar nossos sonhos. Por isso o escuro e a claridade fazem parte da nossa vida, e deles devemos usufruir para nosso crescimento.

A juventude nos dá uma falsa ideia de avaliar que em tudo há um horizonte de oportunidades, como se as oportunidades fossem pomares cheios de frutas que matarão a fome a qualquer momento. Mas a vida adulta nos torna conscientes dessa falsa ilusão, fazendo-

-nos perceber que devemos selecionar apenas alguns e bons frutos para podermos conquistar o que é mais útil, prazeroso e vantajoso.

O medo do trabalhador de perder o emprego está relacionado ao medo sustentado pelo forte desejo de poder que também causa receio e pânico em muita gente. Quem tem poder impõe medo às pessoas pela sutileza que existe em corromper e subjugar qualquer um que esteja abaixo da linha social ou hierárquica. "Dê poder a um homem e verás quem ele é." Não sei de fato quem é o autor dessa frase, em todo caso é uma forma bem literal de entender qual a relação que o poder tem com a nossa vida. "Quem não tem poder nenhum (poder de ir e vir, comprar, vender, dar, empreender, inventar, criar, sair e decidir), já vive uma vida corrompida", segundo Márcia Tibure, autora de "O Corpo Torturado". Infelizmente, é bem assim. Quem pode pagar, pode mandar, e quem precisa, obedece.

Esse medo está bem presente no mundo corporativo e não é apenas no poder da compra e da venda (de ideias, trabalho, resultados), mas também no poder de mandar, demitir, influenciar, promover, e claro, de corromper. E quem tem esse poder conhece bem a arma que tem e infelizmente tende a se promover primeiro.

Como foi possível perceber, tudo aquilo que foge ao nosso controle nos dá medo, justamente porque não temos como controlar; no entanto podemos influenciar positivamente quando impomos uma força contrária ao temor que sentimos. Em qualquer fase da vida é preciso coragem. Sem ela, sucumbiríamos no primeiro obstáculo e não chegaríamos aonde chegamos. Coragem para estudar, trabalhar, crescer e acreditar num mundo real com obstáculos ultrapassáveis. É nisso que devemos acreditar, assim como acreditamos que uma só pessoa seja capaz de nos fazer felizes quando optamos pelo casamento, que os amigos estarão sempre por perto quando mais precisarmos e que jamais nos abandonarão. A certeza de que, apesar das dificuldades, nossa mente sempre trabalhará a nosso favor para nos incentivar a buscar alternativas. Temos de encarar que em muitos momentos, tivemos mais sorte do que dificuldades e que elas balancearam as perdas e os ganhos. Nada veio sem esforço e, ainda que viesse, não teríamos dado valor porque não exigiu de nós a concentração devida.

Tudo o que é feito com esforço físico, suor, capricho e dedicação traz consigo a possibilidade de sucesso, e não poderia ser diferente. O fracasso nos rodeia feito um leão procurando a distração da caça, no entanto, se não buscarmos o êxito constantemente, passaremos o resto da vida nos perguntando o que aconteceu. Se pensássemos nas sortes que tivemos sem merecê-las, não teríamos coragem de reclamar, porque sabemos também o quanto a vida está a nosso favor.

Antes de lutar contra o medo é necessário aprender a admiti-lo, do contrário como lutaremos contra algo que nem mesmo sabemos que existe? A maioria dos medos que temos não tem fundamento, ou seja, perdemos a chance de obtermos êxito por não arriscarmos em algo que provavelmente daria certo e que nos levaria ao sucesso desejado.

Ninguém nasce sabendo tudo. Em todos os momentos da nossa vida nos vemos como curiosos adentrando uma sala com olhar desconfiado, sem saber bem o que vamos encontrar, e à medida que vamos tomando confiança, vamos entrando e nos familiarizando com tudo o que existe ali. É assim que se vence o medo, com garra, confiança e coragem. Conheço pessoas que tinham medo da rejeição, de falar em público, de tomarem iniciativas, quer seja para pedir emprego ou para manifestarem qualquer tipo de insatisfação, e diante disso decidiram se especializar em como se relacionar com as pessoas e como aprender a dizer "não". Nada se estabelece sem conhecimento, por isso se faz necessário antes conhecer a si mesmo para entender as próprias limitações, reverter problemas em soluções imediatas e começar a brigar por coisas que realmente valem a pena.

Pare de pensar no óbvio. Nos problemas que inevitavelmente virão, no envelhecimento que mais cedo ou mais tarde chegará, na solidão voluntária; são dificuldades que podemos superar, pois somos agentes das próprias mudanças. Nas dificuldades, não fiquemos nos puxando para baixo. Sejamos mais confiantes, proativos, otimistas. O medo nos leva a não tentar, mas a coragem nos leva a ver saídas. A coragem está relacionada ao resultado. É ela quem nos diz se o que fizemos estava certo. Não fique imaginando problemas impossíveis, mas gaste energia em riscos razoáveis.

Hoje é o dia mais feliz da minha vida. O Congresso acaba de aprovar o projeto para a construção de Brasília. E sabe por que o projeto foi aprovado? Porque eles pensam que não vou conseguir executá-lo. (Juscelino Kubitschek de Oliveira)

A falta de iniciativa e força de vontade é o que nos causa medo, como se ainda fôssemos uma criança temendo o "bicho-papão"; no entanto, hoje em dia, até o "bicho-papão" tem casa própria, não precisa mais do seu armário, e você continua culpando o escuro. Se o medo é o que nos faz fortes, a coragem é o que nos torna grandes.

O perfil do líder criativo

Era uma vez uma televisão que não saía da frente de um menino. Todo dia e toda hora, lá estava ela assistindo ao menino. Já não brincava mais com as suas amigas televisões da rua. De nada valiam as reclamações da Mãetsubish e do Painasonic, pois a TV vivia sempre presa ao menino. Até que um dia o menino ganhou uma bola, e a TV começou a mudar de hábitos. (Livro Liga-desliga. Cia. das Letras, São Paulo, 1997)

Em toda e qualquer fábula, aprendemos que mudar de hábitos faz com que exerçamos melhor qualquer atividade, e um bom líder deve saber disso. Ele sabe que terá grandes desafios a cada dia e sabe também que terá o peso sobre seus ombros por todas as decisões a serem tomadas, por isso, ele está sempre buscando o autoconhecimento, o autodomínio, a autoestima, a autoconfiança, a autoafirmação, a autoanálise, o autocontrole, e, se tudo correr bem, a autotransformação. E, partindo desse princípio, o indivíduo será sempre feliz e bem-sucedido se melhorar a imagem que tem de si mesmo perante, sobretudo, os seus próprios olhos!

O que é preciso para ser um bom supervisor? Algumas pessoas acham que é preciso gentileza para gerenciar com sucesso. Outras dizem que é preciso rigidez para manter os empregados na linha.

Eu digo que se você escolher um desses dois tipos acabará indo para casa, todas as noites, com dor de estômago, tentando descobrir o que fez de errado. A grande verdade é que não é preciso ser um ditador para supervisionar com eficiência, nem ser amigo de todos para conquistar as pessoas. O mais importante é entender que ficar estressado não pode fazer parte do seu trabalho.

Para ser um bom líder não é preciso a cada momento falar palavras rebuscadas ou teorias complexas para tentar provar alguma coisa. A única coisa que tem de ser provada a todo instante é o poder do líder de comunição com as pessoas, na tentativa de mostrar quais as suas necessidades e quais os seus objetivos e até onde ele está comprometido com o sucesso da equipe. A liderança não exige que a pessoa tenha um carisma extraordinário, que faça mágicas ou tenha uma combinação especial de genes. A supervisão eficaz requer conhecimento e, como qualquer conhecimento, pode ser aprendido.

O líder precisa entender que há uma porção de olhos tentando se espelhar nele. Se o líder toma uma decisão difícil, cujo resultado pode ser surpreendente, deve-se preparar para as perguntas sutis, interessadas em sua opinião, afinal de contas, ele se tornou uma referência de sensatez e inteligência; porém se as atitudes do líder são sempre avaliadas como grotescas – a maneira de colocar as pessoas sempre em seu devido lugar, ou seja, sempre abaixo das suas decisões –, o resultado pode ser desastroso. Nesse caso, o líder será a referência de tudo o que as pessoas não gostariam de ser. E isso é quase um risco inevitável. Quase todos os líderes são exatamente iguais aos líderes que tiveram, em maior ou em menor grau; por isso nem sempre é bom para um jovem despreparado assumir uma responsabilidade como essa, porque a perda de referência se torna previsível. Ou pode ser que não haja nenhuma mesmo a ser seguida. E é aí que entra o talento, que faz a grande diferença!

Se você levantar os olhos agora, verá uma porção de pessoas, que assim como você, querem acertar; querem ter a chance de levar à frente uma boa ideia, uma maneira nova de apresentar resultados, e que só precisam de oportunidade, e de alguém que as auxilie no caminho certo.

Os supervisores são membros da equipe de gerenciamento que verificam o trabalho dos outros e agem como intermediários entre a gerência e os funcionários. No entanto, embora pensamos que todos sabemos exercer esta função, apenas isso não é o suficiente para ser um bom supervisor. Para obter o sucesso é preciso fazer mais. É preciso entender o que diferencia um supervisor de sucesso dos medíocres e dos fracassados, que só conseguem impor suas ideias sem nenhum fundamento. E qual é a possibilidade de obter êxito em suas ações, mesmo tendo as mesmas ferramentas dos demais?

Se você observar, logo verá que um supervisor de sucesso é o que sabe ser líder. E, em seu papel de líder, treina, educa e permite que os outros usem suas habilidades, seus conhecimentos e suas ideias para obter resultados. O líder consegue estimular com eficiência, para obter mais produtividade, iniciativa, responsabilidade e criatividade, oferecendo orientação, conhecimento, desafios e suporte aos seus comandados. Resumidamente, bons supervisores obtêm sucesso conduzindo os outros ao sucesso. Agir diferente disso é possuir inteligência ou conhecimento abaixo da média. E quem assumiu um cargo nessas condições, sem ter essas aptidões, certamente foi promovido por pura falta de opção.

Sabedoria é algo que se adquire, talento é algo que se conquista. Algumas vezes, o herói é o covarde que não teve tempo de fugir, porém ele fica e luta pela sobrevivência dele e dos demais. Se não sabe, que aprenda! Se não tem, busca! Não fique apontando os erros dos outros como fazem todos os que aprendem a pôr culpa nas circunstâncias, e que nunca assumem seus atos. Errar é humano. Acusar os outros é política.

Assim como o professor universitário, que repete que "em nível de Brasil, em nível de política, em nível de governo" ainda não se chegou ao nível superior, da mesma forma, o empresário que alardeia estar "correndo atrás do prejuízo", é porque desorientou-se profissionalmente. A inteligência para assumir um cargo de liderança é como a do pescador que precisa de técnica adequada, paciência, habilidade e alguma sorte para pescar o peixe no profundo da água.

Pare um pouco agora e lembre de todos os maus líderes que você já teve ou que já conheceu. Coloque todos a sua frente e se pergunte com quais deles você se parece. Se a resposta for negativa, ótimo. Excelente para você. Agora se a resposta for positiva, é melhor chamar um exorcista, meu amigo, para tirar o encosto de você, enquanto houver tempo, do contrário terá um lugar quentinho lhe esperando e não é a sua cama.

Os bons líderes são aqueles que mostram que agirão de acordo com os interesses do grupo sem sacrificar o direito do indivíduo. Sempre demonstram senso de justiça. Os bons líderes sempre reconhecem que não é possível saber todas as respostas e que não podem liderar atrás de suas mesas confortáveis. São pessoas que sabem reconhecer potencial, superar obstáculos e fazer com que as pessoas deem seu melhor. Respeito por si, respeito pelo próximo e saber respeitar as diferenças são características fundamentais de liderança.

Um bom líder, antes de ser juiz, é também um bom advogado da sua equipe e, quando lidera uma equipe, defende as pessoas que supervisiona. Se alguém tem uma reclamação sobre um de seus funcionários, é o líder quem deve resolver o problema. O líder não pode deixar ninguém passar por cima da sua autoridade e responsabilidade, mas deve ser sempre leal a seus funcionários, agindo da melhor maneira, convertendo possíveis problemas em soluções imediatas. O supervisor também é porta-voz de seus superiores hierárquicos, o que o torna ao mesmo tempo gerente e "parte do grupo". É perfeitamente capaz de estimular o orgulho e a vontade em seus funcionários de realizarem uma tarefa, proporcionando um ambiente onde as pessoas se orgulham de si e de seu trabalho.

Segundo a Física, há três tipos de energia: a potencial, a cinética e a inércia. A energia potencial está acumulada como uma bateria. A energia cinética está em movimento, como um trem se locomovendo no trilho. E a inércia é uma resistência à mudança do tipo de energia que está sendo consumida.

Se você aplicasse esses três conceitos no ambiente de trabalho, eles seriam dessa forma: Energia Potencial = Ideias inovadoras. Caracterizadas por pessoas que dizem: "Quero experimentar coisas novas". Energia Cinética = Ideias em movimento. Caracterizadas por pessoas que dizem: "Vamos trabalhar em equipe para alcançar nosso objetivo". Inércia = Resistência à mudança. Caracterizada por pessoas que dizem: "Já conheço tudo".

Em sua empresa ou em seu setor, há excelentes fontes de energia potencial esperando que alguém saia da inércia e converta essa energia em energia cinética. E esse "alguém" pode ser você!

Uma das reclamações mais comuns dos funcionários em relação ao seu trabalho é que seus gerentes não valorizam suas opiniões e consequentemente o seu trabalho. Seja diferente e pratique essa diferença todos os dias. É assim que se conquistam as pessoas, aprendendo a ouvi-las e sabendo o que de melhor é possível fazer por elas. As pessoas de sucesso são diferentes das demais, já observou isso? Não acredite em sorte quando o que estiver em jogo for competência. Faça as coisas que as pessoas de sucesso fariam. É simples, não deixe que a razão seja seu único alvo, você está lidando com pessoas e não com máquinas. E cada pessoa é diferente da outra, e todas fazem parte da equipe. O erro, assim como a mentira, não se converte em acerto e verdade, pelo simples fato de se repeti-lo várias vezes. Cada pessoa vê a mesma cor num tom sempre diferente.

Ter sucesso não é fácil. E quem disse que seria? Todos a sua volta também estão lutando por seu lugar no espaço e, assim como você, se não forem compreendidos nem valorizados, com toda a certeza, será desestimulante para eles. Torne-se conhecido. Conheça pessoalmente todos os funcionários de sua equipe, escute-os com atenção, procure saber onde moram e o que fazem fora do trabalho. Demonstre interesse por isso. Identifique as pessoas que fazem as coisas funcionarem. Consiga apoio dessas pessoas o mais rápido possível. Em seu primeiro contato com essas pessoas, diga o que sabe sobre seu desempenho e o que gostaria de manter.

Faça reuniões sempre que possível, com a equipe inteira. Aproveite para conhecer, nas reuniões, o que seus subordinados querem e precisam. O que está dificultando o trabalho deles, quais os êxitos que obtiveram e o que sabem sobre todos os processos. Ignore as fofocas. Isso é realmente importante para evitar comentários destrutivos feitos por funcionários com relação aos outros. Se souber de alguém fazendo isso, deixe bem claro que você não tolerará esse tipo de comportamento. Algumas pessoas irão contar coisas a você para obter seu apoio. Isso deve parar imediatamente. Se houver fofocas no ambiente de trabalho, encontre a origem e acabe com elas.

Saiba delegar tarefas. Uma das coisas mais difíceis para um supervisor é passar a responsabilidade de uma tarefa para a pessoa que deve executá-la. Como líder, você precisa ter confiança nas pessoas para executarem o trabalho. Quando a empresa o promoveu ao cargo de supervisor ou a outro cargo de liderança, deu-lhe responsabilidades. O mesmo processo é válido para as pessoas que trabalham com você. "Cada um por si e Deus por todos." Mas, se Deus for o dono da empresa, pode ter certeza de que vai sobrar para você e Ele irá lhe tratar como qualquer um de seus funcionários, não importando o seu cargo. E lhe dirá: Deixe seu nome e antecipe o assunto a minha secretária, por favor.

Ser líder não é tão difícil, se você ter as pessoas como parceiras. E olha que não há pessoas certas para isso. Todas possuem potencial. Faça com que elas tenham o melhor exemplo que você pode lhes dar. Pratique bem a sua liderança, com correção e honestidade, e terá resultados surpreendentes. Lembre-se que aprendemos com a prática. Nenhum datilógrafo digita cem palavras assistindo a outros datilógrafos.

Profissional é aquele que faz o seu melhor trabalho quando menos vontade tem de fazê-lo. Só não tem arranhões nos joelhos quem nunca andou de bicicleta e não sabe o que perdeu na vida. Mas não faça como o tolo que disse: "Estávamos à beira do precipício, e tomamos a decisão correta: Demos um passo à frente!"

Esse é um assunto para outros artigos, para outras oportunidades. Mas, não desanime facilmente. Se você pensou que este texto lhe diria como deve agir o líder, enganou-se! A gente ainda nem sabe quem é que manda por aqui...

Somos todos aprendizes!

Há três tipos de pessoas: as que se preocupam até a morte; as que trabalham até a morte; e as que se aborrecem até a morte.
(Winston Churchill)

O desafio
dos relacionamentos

Por que, a cada ano que passa, certas coisas se tornam mais difíceis de serem compreendidas, a começar pelos relacionamentos?

Cada vez que nos deparamos com a possibilidade de um novo relacionamento, perguntamo-nos o que fizemos de errado nos relacionamentos passados, para que não venhamos a falhar novamente; mas daí, depararmo-nos com a certeza de que nada ou quase nada se pode fazer, a não ser identificar os erros, procurar melhorar os acertos e torcer para que a outra pessoa perceba o quanto estamos interessados em levar essa nova relação adiante, embora não exista uma fórmula química que diga que devemos fazer melhor isso ou aquilo. Se as pessoas não fossem imprevisíveis as relações também não seriam.

Acho que de todas as coisas que se podem colocar na ponta do lápis e planejar nesta vida, os relacionamentos são os mais difíceis de se conseguir isso, porque não dependem exclusivamente de nós, mas também de uma segunda pessoa, com os critérios de avaliação parecidos com os nossos, o poder de aprovação e de veto, e movida por sentimentos tão voláteis quanto uma bola de sorvete entre os dedos.

Cada pessoa, independente ou não da carreira que escolheu, ou da profissão que tenha, uma hora ou outra já parou a correria da vida para ver quem passava, e bastou olhar e ficar interessado que o mundo inteiro mudou. Se essa mudança agregar-se facilmente à carreira e se tornar um incentivo ao crescimento dos dois, a tendência de que ambos andem juntos a partir desse instante é grande.

É difícil encontrar alguém com as mesmas afinidades e valores que os nossos, até mesmo porque não existem pessoas iguais, e isso precisa estar bem claro em nossa mente para que não venhamos a idealizar um tipo de pessoa que não existe, e isso torne a busca ainda mais difícil. O que devemos fazer é se permitir conhecer, sem julgamentos prévios, dando as mesmas oportunidades que gostaríamos de ter, do contrário, qualquer nova tentativa se parecerá com as que deram erradas no passado e isso só aumentará a frustração e a crença de que o amor não seja algo possível.

Nem precisamos refletir no fato de que a geração de hoje não se assemelha em nada a de nossos pais, até porque os anos passaram, as coisas mudaram e no lugar dos valores da época foram criados outros. A sociedade de hoje está bem mais evoluída, pelo menos aparenta. Ninguém mais é obrigado a casar sem ter vontade, apenas para manter as aparências, por uma gravidez indesejada e por tantas outras razões. As pessoas numa relação estão muito mais conscientes de seus diretos e deveres, e do que precisarão fazer se essa relação afundar. Nenhuma mulher hoje é malvista pela sociedade caso opte pela separação, porque, com o passar dos anos, elas ganharam força, independência, capacidade de ditarem as regras e de decidirem seus caminhos, sendo tutoras da família ou ajudando o marido, antes tão autossuficiente e cheio de si.

Como serão os relacionamentos do futuro? Para onde estamos seguindo? Que pais e que filhos seremos? À medida que a tecnologia avança e a modernidade vai trazendo para dentro de nossas casas uma tendência de evolução contínua, as relações também vão ganhando outro aspecto. Porém, o que me preocupa é a velocidade com que as coisas acontecem nos dias de hoje. As pessoas estão tão bitoladas para encontrarem uma alma gêmea que se esquecem de que certas coisas são desenvolvidas e aperfeiçoadas com o tempo, e que um relacionamento não surge de uma hora para outra. É preciso paciência e habilidade para lapidar as afinidades até que estejam prontas para partilharem a mesma vida juntos.

Acredito que hoje haja mais gente sozinha no mundo do que no passado, apesar de haver tanta facilidade de comunicação. A gente vê por aí as estatísticas confirmando novos hábitos familiares sendo inseridos no dia a dia das pessoas, e a mudança que isso provoca no mundo: a migração contínua de pessoas para os grandes centros na busca de oportunidades de estudo e de crescimento profissional, muita gente optando por casar e ter filhos mais tarde, em função da carreira, além de outros comportamentos. Os supermercados se reinventam todos os dias, criando produtos em tamanhos versáteis para atender a esse público, inclusive estendendo o horário de atendimento e montando suas redes estrategicamente posicionadas ao lado de academias, bares, justamente para facilitar o acesso de quem frequenta "baladinhas". Parece que a cada dia a tendência de casar e morar separado ou não casar e morar junto, se confirma. Isso tudo é um absurdo para a geração dos nossos pais e avós.

O fato é que a todo instante fugimos da solidão, uma vez que ninguém veio ao mundo para ficar sozinho, a menos que queira. Nem sempre a companhia do cigarro é tudo o que se precisa, muito menos o prazer que a bebida traz dura muito tempo. Chega uma hora em que a realidade acontece e a solidão não é algo assim tão desejado. Somos pessoas diferentes justamente para aprendermos a ver o quanto um ser humano pode complementar o outro. A beleza até contribui para o sucesso nos relacionamentos, mas certamente não é ela que determina o total sucesso. O sucesso das relações vai mais além do fato de a pessoa ter boa aparência, status e conforto. O que faz com que um desconhecido chegue de repente e mude nossa vida é o simples fato dele fazer diferença, quando poucos tiveram a mesma habilidade.

Seríamos mais felizes se não fossemos impulsionados a agradar os outros e gastar tanto com a estética, com as roupas da moda, com os perfumes e acessórios. Não é pelo amor próprio que perdemos horas e horas diante do espelho, mas pela ansiedade de querer agradar o parceiro ou quem sabe uma nova paquera. Por certo nos contentaríamos com uma bermuda e um par de chinelos, se o fato de estar mais arrumado não chamasse mais atenção.

Quem serão os pais dos nossos filhos, se demoramos tanto a decidir quem nos ajudará nessa empreitada? As relações atuais estão muito mais difíceis, assim como as falsas exigências e condições inúteis impostas, levando em consideração a intolerância e a incompreensão cada vez maiores, tornando a busca por um candidato perfeito uma missão impossível, e elas seriam infalíveis, se não fosse pelo simples fato de que não existem pessoas perfeitas a serem encontradas. Todos os dias são lançadas inúmeras ferramentas, como as comunidades virtuais, sites de relacionamentos e todos os recursos inimagináveis, que facilitam para as pessoas buscarem um novo parceiro, que praticamente coloca o sujeito frente a frente com sua alma gêmea, num jantar à luz de velas, pela tela do computador. Isso prova que já não há mais continentes distantes.

A humanidade inteira está passando por mudanças nos relacionamentos, tanto sociais quanto afetivas, a começar pela consolidação de famílias com filhos e pais de outras relações, que se juntam e dão origem a uma nova família, com uma identidade mais versátil, moderna e atual. Os homens estão tendo de aprender a lidar com uma nova mulher, e juntos estão percebendo que praticar o sexo casual pode não ser uma boa ideia. A presença de alguém que divida com eles as responsabilidades do dia a dia passou a ser bem-vinda, depois que ele percebeu que não deixaria de ser viril, se dividisse com esta nova mulher suas fraquezas, fracassos e tristezas. Já elas buscam a cada dia um parceiro que alimente seus sonhos íntimos e que as protejam, não porque são frágeis, mas pelo prazer de ter uma companhia que não lhes dê mais dúvidas, além das que já carregam consigo; que as ajude a garantir uma vida melhor, plena e familiar, e que tudo isso contribua para o seu crescimento individual.

O sucesso nos relacionamentos consiste em saber exatamente o que se está buscando e o que se pode dar em troca, do contrário o relacionamento está fadado a repetir os mesmos erros e não evoluir. Buscar alguém sem afinidades intelectuais, sem caráter, sem projetos de vida semelhantes e planos futuros com metas parecidas pode levar ao fracasso completo. Por isso, nessas horas, o melhor a fazer é deixar a ansiedade e a falta de critérios de lado, antes de dormir e acordar se perguntando por que disse sim, ao invés de ter dito não? A vida a dois precisa ser melhor do que a vida de solteiro, por isso as pessoas idealizam tantos os relacionamentos, como forma de fugir da solidão de si mesmas e de poderem construir algo juntas, que não teria o mesmo encanto se estivessem sozinhas.

Será que ter um parceiro para o sexo, outro somente para viagens, outro para fazer companhia em domingos chuvosos é realmente a forma mais sensata de viver um relacionamento no futuro? Pessoas totalmente desprendidas afetivamente sofrem menos? São perguntas que nos fazemos quando conhecemos pessoas capazes de suprimir as próprias necessidades por meio de encontros eventuais com total desapego.

A modernidade das relações só não ultrapassa a velocidade da banda larga, que hoje possibilita ao sujeito fazer sexo sem sair de casa, porque muita gente ainda prefere fazer isso ao vivo, do contrário, adeus humanidade. Ainda não se pode substituir a presença física pela imagem virtual, uma vez que relacionamentos são feitos de convivência, afinidades, companheirismo e afeto. A internet possibilita conhecer pessoas e nos aproximarmos delas sem o temor de levar um "troco", no entanto, a mesma ferramenta, que pode ser usada para aproximar e para dizer: "Eu te quero muito", também serve para dizer: "Já não quero mais você". A velocidade é a mesma, o que muda é a direção.

Não podemos comprar a fidelidade e o comprometimento de alguém pela internet, como se comprássemos uma bolsa térmica. Pessoas são pessoas e possuem sentimentos, expectativas, ansiedades; não são descartáveis e não podem simplesmente ser programadas para desaparecerem quando não são mais desejadas ou para se manterem quentes ou frias de acordo com o conteúdo. Assim como "não se envolver" é inevitável, casar com alguém, levando em consideração somente a beleza, não garante nada, muito menos a felicidade; por isso estar com alguém, sem afinidade, além da atração física, e achar que com o tempo a convivência ficará mais fácil não é tão simples como fazer um download.

Será que dá pra ser feliz com amores à distância? Será que dá para ser fiel depois do surgimento do Orkut, Facebook, MSN? Dá para ser um completo anônimo, depois de tantas redes sociais, com todo tipo de filantropia possível espalhada pela rede? É preciso muito mais que força de vontade para não cair na infidelidade.

Tem mais gente anunciada nos murais da internet do que ONGs sem fins lucrativos, por isso não dá mais para dizer que alguém veio a este mundo e conseguiu passar despercebido. A internet trouxe a modernidade para dentro de nossas casas nos fazendo mudar o jeito de ver o mundo, conectando pessoas e criando possibilidades reais. O cupido, aproveitando-se disso, tem usado a rede como ferramenta para aproximar pessoas, que pelos meios naturais jamais se encontrariam. Com isso podemos concluir que não existe gente feia, o que existe é gente desconectada.

O sucesso nos relacionamentos não depende tanto dos meios, mas dos fins que definem um propósito. Pouco importa o tipo de relacionamento que se busca, o que conta é o desejo em comum que faz com que duas pessoas queiram passar a vida juntas, com uma dependência saudável que lhes faça perceber que separadas, não seriam felizes.

O amor ainda é a razão de tudo e é ele que faz com que o dinheiro não valha tanto, muito menos seja capaz de comprar alegrias e álbuns de fotografia de duas pessoas que descobriram um jeito bonito de ser uma só.

Não importa em qual tipo de relação estejamos inseridos, uma vez que tenhamos de lidar com outro ser humano tão questionador como nós, nunca saberemos as respostas certas para tantas perguntas incertas que temos. Se seremos de fato felizes, com quem quer que seja, por quanto tempo uma pessoa será única para nós, por quanto tempo seremos únicos para essa pessoa e quem teremos nos tornado quando os sessenta anos chegarem.

E o que isso tem a ver com a sua vida profissional? Tudo, uma vez que a vida pessoal, familiar e afetiva vêm bem antes que a vida profissional; e porque no final, quando chegar sua aposentadoria, haverá uma placa comemorativa em sua homenagem dizendo o que você fez por anos em sua empresa, mas não haverá outra placa lhe parabenizando pela solidão que você presenteou à sua vida e a si mesmo.

Todos nós passamos por três fases: A primeira, quando todo mundo nos quer, mas não queremos ninguém. A segunda, quando queremos todo mundo, mas parece que ninguém nos quer. A terceira é quando o que mais queremos é que alguém nos queira. E quando essa última fase acontece é que passamos a entender porque o amor, apesar de tantos desvarios, nos convence a investir tanto em relacionamentos: porque só ele é capaz de nos tornar perfeitos diante dos olhos de alguém.

A arte de saber influenciar

O tempo todo estamos buscando meios de nos aprofundarmos nos relacionamentos e infelizmente, ou felizmente, passaremos o resto da vida tentando. Não importa qual seja o perfil da pessoa, o fato é que se relacionar trará a nós uma grande experiência, sem contar as habilidades que necessitamos desenvolver para compreender o outro, seja em gestos, palavras, atitudes e intenções.

Às vezes, nem sabemos como reagir em determinadas situações, especialmente quando estamos lidando com pessoas de boa formação, cultura, personalidade, com hábitos, valores, ideias e comportamento diferentes dos nossos. Por mais que fiquemos desorientados, esses relacionamentos, sem dúvida, vão nos aperfeiçoando no trato com as pessoas.

Na vida corporativa os relacionamentos são inevitáveis, na hora de expor ideias, de negociar, de discutir temas relacionados ao trabalho e ao interesse da corporação.

Os relacionamentos interpessoais, nas empresas, onde é comum ocorrer divergência de pensamentos, exigem postura serena e às vezes firme, e a capacidade de dialogar e ter flexibilidade, fazendo com que as pessoas estejam abertas e tolerantes aos que os outros pensam sobre determinado assunto.

Saber relacionar-se com pessoas de todos os níveis dentro da empresa, além de demonstrar educação, é importante para criar um ambiente sem discórdias, saudável, onde todos são aliados e visam objetivos e interesses comuns. A inimizade no trabalho atrapalha a vida pessoal e interfere negativamente na produtividade.

O ambiente de trabalho é também lugar para ser feliz, mas não é lugar para quem se acomoda. Com toda a certeza quem trabalha feliz possui mais rendimento em suas atividades, agrega a equipe e tende a desenvolver melhor suas atividades, como consequência alcança melhores resultados. Trabalhar feliz, por outro lado, não pode ser sinônimo de pura tranquilidade, de achar que está no conforto e não precisa se esforçar para buscar novos desafios. Isso seria apenas trabalhar na paz e no conforto, expressões estas que não condizem com a mente do bom trabalhador, do chefe eficiente, do ativo e vivaz executivo. Quem trabalha apenas com a pretensão de conseguir a aposentadoria, pode acumular no futuro uma série de frustrações por não ter feito nada mais que o devido. Portanto, o bom executivo é um ser inquieto, que quer sempre mais e o melhor.

É importante ressaltar que a inquietação nos coloca à frente dos acontecimentos, nos mantém informados dos fatos mais importantes e nos dá as oportunidades de manifestar ideias que agreguem algo positivo. Só se faz necessário nessas horas ter bom senso para dizer algo que seja suficientemente interessante e inteligente, a ponto de não deixar claro que deveríamos ter ficado calados.

Quando me refiro a não ser apenas feliz no ambiente de trabalho, refiro-me ao fato de estar acomodado, paralisado em um ambiente que dá a falsa impressão que você domina o pedaço, que é completamente seu e que ninguém vai tirá-lo de lá. Foi-se o tempo em que ter dez, quinze anos na mesma empresa era garantia de ser bom profissional. Hoje, o aspecto é o contrário. Alguém que permanece muitos anos dentro da mesma empresa pode ser visto como acomodado, desatualizado, desinteressado e avesso a mudanças.

O mercado está cada dia mais agitado, atraindo profissionais de inúmeras áreas, com desenvoltura e ideias que acabam agregando muito na hora de lançar um produto, um serviço e o diferencial esperado. O mercado atual acaba gerando uma imensa necessidade de encontrar profissionais mais qualificados, aqueles que sabem agregar a si bom volume de conhecimentos e qualificações, sendo por isso valorizados com altos salários, justamente porque diferem da maioria.

O bom profissional hoje em dia vive o tempo todo buscando estar informado. Procura manter bons relacionamentos, bons contatos, ampliando seu networking, que hoje emprega muito mais pessoas do que muitas agências especializadas em recolocação de profissionais.

Vale ressaltar a importância de não confundir e misturar trabalho com amizade. É saudável ter amigos no trabalho, mas há limites. No ambiente profissional o amigo deve ser distinguido do colega de profissão. Na hora das decisões, na hora de expor ideias, na hora de discordar, o interesse da empresa e do trabalho estão acima da amizade. Não se pode concordar com o colega de profissão só porque é amigo dele. Há que se tomar cuidado com isso, saber o limite e não confundir a atividade profissional com o relacionamento afetivo. Isso só traz prejuízo para si e para o bom desempenho das atividades profissionais.

A equação entre trabalho e romance, romance e família, não é um problema fácil de resolver, uma vez que dependemos de criar uma boa fórmula de adaptação. Sem vida afetiva, viveríamos ocos por dentro, sem encontrar uma razão específica para ganhar dinheiro e comprar coisas que, no fundo, no fundo, não nos saciariam por muito tempo. Chega uma hora que todo mundo busca uma relação que lhe dê segurança e confiança, algo com quem dividir e construir, para ter uma vida plena e comunhão. A solidão, além de má companhia, é péssima conselheira, por isso a busca da carreira aliada ao convívio com um parceiro que alimente essas expectativas é de grande valia, mantendo a resistência do coração, alinhada à funcionalidade do cérebro para o bom funcionamento do corpo como um todo. Mente sã, coração e corpo também.

Quando a relação afetiva se estabelece com alguém da mesma empresa, como é comum acontecer, deve-se redobrar o cuidado para que a relação pessoal não afete a relação profissional, evitando problemas, situações ou discussões em horas impróprias e indevidas, tanto na hora de tomar uma decisão, cobrar por resultados ou na liderança na frente da equipe.

Ou quando a relação não é entre parceiros conhecidos nos ambientes da empresa, e a família é gerada por afinidades socais, a situação, ainda sim, não é das mais tranquilas para o profissional. Com a família, o sujeito terá de saber dosar o tempo que se dedicará a ela, uma vez que o trabalho terá de ter hora para começar e terminar. A falta de tempo para tudo, principalmente para si próprio, compromete consideravelmente a vida das famílias atuais. É preciso ter tempo para se construir a base necessária de relacionamento duradouro, para poder proporcionar aos filhos uma boa educação e formação, amor e paciência, compreensão, e principalmente a presença no lar, base para a formação de um ambiente familiar sólido.

A modernidade está nos impulsionando, a cada momento, a ajustarmos o tempo para ver se cabem mais coisas dentro dele e daí as partes "flexíveis" do processo, como a família, vai ficando para trás, perdendo a importância que deliberadamente ela tem. Saber administrar esse tempo com as devidas prioridades é sinal de bom senso e garantia de sólida estrutura de vida.

Em nosso tempo atual, as pessoas optam pela praticidade, querem se estruturar material e emocionalmente antes de formar uma família. Com isso há um retardamento na decisão de assumir um casamento. Antigamente, as pessoas se casavam jovens, mas agora o casamento é uma decisão, parece, mais pensada, e, aparentemente, mais amadurecida. Os relacionamentos são hoje em dia encarados como um grande desafio. Há uma forte tendência de se colocar em primeiro lugar a carreira profissional para depois assumir definitivamente uma relação afetiva. E talvez seja esse um dos grandes motivos de as pessoas se tornarem intolerantes às cobranças e até às pressões que a relação afetiva acaba exigindo. Saber administrar tudo isso é o que importa, uma vez que somos postos à prova todos os dias.

Há dez, quinze anos atrás, as relações de trabalho eram bem diferentes. Quanto mais próximo estivesse do dono, melhor seria para o empregado. No entanto, com o passar dos anos, as relações de trabalho passaram a ficar mais divididas, e cada trabalhador ou cada setor teve de assumir seu objetivo. Se por um lado essa nova maneira de trabalhar trouxe melhoras, por outro lado, os contatos e as relações se tornaram mais frias. Hoje em dia, parece que tudo o que diz respeito à família não entra e não interfere no cotidiano do trabalho. Será que há uma política nas empresas com relação a isso?

O trabalho hoje em dia está muito pautado em atividades em equipe. E a principal fonte deste modelo de trabalho é cultivar e intensificar os relacionamentos. Se houver alguma dificuldade entre o líder e os liderados, certamente os resultados da empresa estarão comprometidos. Para isso, faz-se necessário saber lidar com a diversidade de ideias e modos de pensar e agir existentes dentro da empresa, respeitando-se as pessoas, suas diferenças e suas particularidades, seus defeitos, e prontificando-se a sempre melhorar. Não adianta pensar que por melhor que seja o profissional ele conseguirá trabalhar sozinho. A empresa espera que o resultado seja de todos e não de um único funcionário, que por acaso tenha feito um trabalho excepcional, considerável e importante. No trabalho em equipe todos dependem uns dos outros.

A função do gestor é saber compreender cada funcionário e fazê-lo cumprir o papel que cabe a cada um. Deve zelar pelo bom relacionamento dentro da equipe, pois é de sua responsabilidade administrar os conflitos existentes entre as pessoas do time, fazendo com que trabalhem em um ambiente comum, "compartilhável", e que o clima seja agradável, favorecendo a colaboração de todos. Cabe a ele intermediar nas situações de conflito e colocar um ponto final em problemas que não devem ser potencializados, e em hipótese alguma tomar algum partido. É preciso ser imparcial e enérgico com todos para que compreendam a sinergia que um bom time precisa ter, tanto na dificuldade, na incompatibilidade ou no resultado positivo.

A arte de se relacionar é a qualidade que está em alta. Saber explicar e expor os problemas na hora certa, buscar aliados que ofereçam a confiança na hora do aperto, manter o networking bem alinhado e os contatos frequentes ajudam a vislumbrar os cenários por cima dos muros, isto é, ter uma visão do todo. Ninguém nasce expert em relacionamentos e nem precisa tudo tolerar, no entanto, no caso de desavenças com a equipe, se esta dificuldade não for devidamente administrada, pode acabar impactando no desempenho, quer seja nas atividades individuais ou do grupo. É necessário saber ouvir opiniões diferentes e divergentes das nossas, compartilhar alternativas e os resultados positivos com a equipe, buscar ampliar o conhecimento ou a aplicação de um projeto com pares de outras equipes; reforçar as alianças já definidas e nunca achar que as pessoas estarão ao seu lado o tempo todo. Em um ambiente competitivo, todo mundo confia e desconfia de todos a todo instante.

Saber lidar com pessoas não é fácil, ainda mais quando se trata de grupo com muitas pessoas. Não importa o cargo que se ocupe dentro de uma organização, todos os dias teremos de saber lidar com elas, e fazer com que todos trabalhem visando o mesmo objetivo. É o desafio que torna a viagem emocionante. Quando as dificuldades e as virtudes se juntam num casamento coletivo, a coisa dá certo. O ruim é quando uma das partes não acredita naquilo que está vendo e os seus objetivos colocam cada um de um lado da margem. Daí a relação se torna insustentável.

Faça com que as pessoas se sintam importante ao seu lado, que se sintam grandes. Que você seja uma pessoa que lhes permita crescer, mesmo quando acontecem erros sem culpa. Isso irá transformá-lo em alguém que ajuda e que incentiva corretamente. Saiba apreciar as ideias, os planos e os sonhos de cada membro da equipe. No meio do caminho, surgirá algo que tramita entre o possível e aquilo que demandará certo esforço.

A responsabilidade de quem está à frente de um grupo exercendo a liderança é enorme. É importante saber conduzi-lo, permitindo a liberdade de criação, estimulando o desenvolvimento de cada integrante sabendo da limitação e do potencial de cada um. Esta é a principal razão para que o executivo conheça seu time. (Frederico Molina Cohrs, especialista em Marketing de Serviços, pela Unifesp)

Não desacredite, não desestimule as pessoas a conquistarem seus objetivos, pelo contrário, permita a elas um ambiente favorável de oportunidades, dentro do que realmente for tangível. Antes de ter amigos, seja um amigo, confiando e acreditando. É dessa forma que se influencia as pessoas a seguirem os mesmos passos. Diga isso a elas, deixem que saibam que você confia e que você não colocará em dúvida sua conduta, se estiverem de acordo com os preceitos da empresa. Isso dá certo peso, ainda que a pessoa esteja má intencionada. Mas, não banque o alienado se perceber que o aliado pode ser um inimigo em qualquer circunstância.

O importante é tratar as pessoas com lealdade e exigir delas apenas o que for possível. Dar a devida atenção e importância aos problemas que realmente forem merecedores de importância. Ajude quando possível a encontrarem seu próprio caminho e a tomarem as próprias decisões com sabedoria. Conquistamos as pessoas fazendo com que se sintam bem diante da opção de se sentarem ou não conosco à mesa. Li certa vez em um livro que até mesmo o proprietário de uma funerária fica triste quando seus amigos morrem. Acho que no mundo corporativo fica bem empregar também esse conceito.

Todo mundo sabe a importância que existe quando encontramos alguém que sabe valorizar as pessoas. Essa é uma qualidade de poucos, porém, na vida corporativa, isso se torna uma habilidade muito apreciada e benquista. Saber valorizar cada membro da equipe, ou até mesmo quem não faça parte dela, é necessário. E saber reconhecer as pessoas com quem trabalha é a maior, dentre todas as virtudes. Ninguém faz sucesso sozinho, ainda que tenha o domínio da arte de se relacionar.

Saber prestigiar as pessoas, dando a elas seu devido valor, é o melhor ensinamento que podemos passar a quem quer que seja. Até mesmo na hora da morte, como Carnegie deixou escrito para ser colocado em sua lápide: "Aqui jaz um homem que soube ter junto a si homens que eram mais inteligentes que ele".

Geração "Y"

> *A maior descoberta de minha geração*
> *é que os seres humanos podem modificar suas vidas apenas*
> *mudando suas atitudes mentais.* (William James)

A cada ano que passa mais nos distanciamos do princípio da caminhada. Não há chances de ficar no passado, até mesmo porque o passado não é democrático, uma vez que o futuro é compulsório. Nossa vida muda num instante. Nenhum Natal é igual ao outro, porque as pessoas mudam de festa, embora o motivo seja o mesmo, o sentido pode se afastar da origem a cada ano. Só o consumismo parece estar maior que o ano que passa, porque continuamos comprando coisas que não precisamos, sem deixar de acumular as outras adquiridas nos anos anteriores. A causa dessa loucura toda é a modernidade que traz para perto de nossos olhos produtos de última geração, causando em nós uma necessidade de adquiri-los, como uma sempre ansiedade pelo novo. É estranha a sensação que a modernidade nos causa. Ou compramos agora ou estaremos ultrapassados.

Para cada ano, um plano. E, segundo os estudiosos sociais, a cada seis anos aparece uma nova geração com novas necessidades e perfeitamente capaz de dizer o que quer e como quer. São pessoas imediatistas, trabalham com avidez e possuem uma nova forma de ver o mundo, trazendo consigo a ansiedade pertinente a sua era. Estou me referindo à Geração "Y", tão comentada nos dias de hoje e já perfeitamente integrada aos novos ditames sociais. A Geração "Y", precedida pela Geração "X" e posteriormente sucedida pela Geração "Z", é chamada de geração do Milênio ou da Internet, uma vez que sua chegada é marcada justamente pelo advento da chamada World Wide Web, uma rede capaz de ligar pessoas e mundos diferentes pela tela do computador, oferecendo recursos e praticidade de comunicação, influenciando a forma como o mundo se comunicará com o futuro.

A Geração "Y" compreende todas as pessoas que nasceram após 1980. Já outros estudiosos sugerem que sejam os nascidos entre meados das décadas de 1970 e 1990. Essa geração se desenvolveu beirando invenções tecnológicas e recursos modernos, juntamente com a prosperidade econômica, que proporcionaram pesquisas e investimentos generosos para a captação de novas tendências. Os indivíduos dessa geração são voláteis e criam ambientes totalmente versáteis como forma de se comunicarem com o meio onde vivem. São impulsionados a viverem em movimento, estimulados por atividades diversas, realizando múltiplas tarefas, capazes de um raciocínio leve e prático, sem muito apego a normas e parâmetros, que sugerem metodologias complexas e procedimentos antigos. São capazes de se renovarem a cada nova estação, criando a própria moda como interesse único de firmarem sua identidade. São chamados de dispersos pelas gerações antigas, mas mantêm o respeito das novas, uma vez que o futuro é uma tomada radioativa com conexão sem cabo. Não alimentam nada com caráter permanente, no entanto se apegam fácil à ideia da novidade o tempo todo. Para atraí-los e retê-los, as empresas têm mudado seus escritórios, tornando-os mais flexíveis, alegres e instigantes, compostos por diversos espaços a serem escolhidos e usados de acordo com a necessidade e a atividade a ser desenvolvida, segundo Cláudia Andrade, sócia-proprietária da Andrade & Azevedo Arquitetura Corporativa, um dos melhores escritórios de arquitetura de São Paulo, que acompanha de perto as tendências da infraestrutura corporativa.

Acostumados a conseguirem o que querem não se sujeitam às tarefas subalternas de início de carreira e lutam por salários ambiciosos desde cedo e por uma carreira promissora. E ser promissor para essa geração significa não fazer planos de aposentaria, nem tão pouco colecionar premiações por anos dedicados a um só lugar. Versáteis, buscam autonomia e desafios e são capazes de mudar de casa, de amigos, de casamento e de emprego, se alguma coisa não acontece dentro do prazo de tolerância e convivência. O meio ambiente para essa geração facilita a comunicação entre as pessoas, quebrando paredes e conectando espaços.

Costumam utilizar todos os recursos eletrônicos possíveis. Se não existem, tratam logo de pensar num meio de viabilizá-los. Celulares modernos com acessos a redes sociais, emails, internet e todos os recursos que lhe deixem informados e a um pé das decisões imediatas. Não se configuram a um perfil de beleza, ainda que vaidosos e antenados a tudo de novo que surge no mercado, que retarde para mais tarde a preocupação com a velhice. Usam chinelos para o trabalho, mas também a inovação como ferramentas necessárias para o bem-estar produtivo. Não fazem questão de possuírem os requisitos básicos da inteligência, no entanto se adaptam fácil às novidades, marcando o novo conceito do que é ser inteligente.

Saem do individual para compartilharem espaços e ideias. Aposentam hierarquias e passam a trabalhar com o que há de mais prático, versátil e funcional. Não valorizam muito a ideia de custos, se o benefício justificar o investimento. Dispensam paredes e salas confortáveis e optam por ambientes estimulantes e sociais. Valorizam a conectividade e repudiam normas e procedimentos ultrapassados. A palavra-chave passa a ser mobilidade, porque pessoas modernas precisam manifestar sua opinião de onde quer que estejam. São pessoas preocupadas com o meio ambiente, causas sociais e qualidade de vida. Trabalham sob pontos de vista diferentes das gerações anteriores, advindas das guerras, recessões e desemprego, acostumadas a ambientes formais, horas extras intermináveis e a trabalhos em finais de semana.

Essa geração é valorizada no mercado atual, onde dominam as tecnologias recentes, porque seu grau de influência e consumo também é grande. Ao mesmo tempo que conseguem transmitir aos novos pares a funcionalidade de um novo aparelho são também consumidores da mesma tecnologia que vendem com a mesma versatilidade de ser atual e altamente exigente.

Podem ser perfeitamente entendidos como superficiais, distraídos e insubordinados, por estarem mais acostumados a buscarem o que querem, ao invés de se submeterem à condição de merecimento. É uma garotada avançada para os padrões sociais, no entanto descolada na era digital, onde tudo acontece de modo rápido e expansivo. Possuem diversas maneiras de se expressarem, por isso acabam dando mais valor às emoções instantâneas do que à simulação de comportamento com necessidades estrategistas, que justifiquem sua impetuosidade. Ansiosos por natureza, acostumados a elevadores inteligentes, a Ipod, Iped, à internet banda larga de 100 mega, à ligeira adaptação a desconhecidos, uma vez que conhecer pessoas, acaba sendo uma maneira natural de estar inseridos no meio onde vivem, conspirando a seu favor a ideia de juntar na mesma linha horizontal a realização profissional e deixar para segunda intenção a satisfação pessoal, da qual o trabalho lhe permita navegar entre a obrigação e prazer. Obrigação. Taí uma palavra que essa turma não entende. São totalmente desprendidos, soltos e costumam fazer apenas o que gostam.

Nada dentro de uma caixa com visão para os fundos, sem que lhes deem algo maior que a possibilidade de voar mais alto que a própria imaginação.

Imaginação. Outra palavrinha mágica muito usada no dicionário virtual da Geração "Y". É dentro dela que o mundo virtual acontece e que acaba encontrando um jeito de se fundir com a realidade, como um avatar. O imaginário tem feito história, quer seja no entretenimento, quanto na própria medicina. Muitos jogos de videogames têm ajudado vários cientistas a criarem aparelhos e mecanismos que permitam dar vida a um membro perdido do corpo, como uma perna ou um braço, fazendo com que as muletas aos poucos sejam substituídas por membros mecânicos, dando origem a homens biônicos perfeitamente inseridos na sociedade, devidamente preparados para receber, com alegria, invenções que permitam o ser humano voltar a sonhar. E sonhar é outra maneira prática de se colocar os planos imberbes no estágio de acontecimento. Tudo hoje em dia está surgindo em velocidade ampliada com menos tempo de reposição e dificuldades reduzidas, e isso estimula a ansiedade, tornando-nos impacientes para sequer esperar o reset do computador ou os dois minutinhos que o micro-ondas leva para aquecer o jantar.

Essa geração tem pressa, porque a ansiedade é uma característica dos inovadores. Trabalham perfeitamente em ambientes agitados que exijem conhecimentos práticos e poucas formalidades. Possuem um estilo arrojado, "antenado" com o mercado e ao mesmo tempo com o meio social, permitindo-lhes sair do escritório de paredes pálidas de persianas incolores para encontrar com a turma num barzinho descolado com abajures reluzentes. Respeitam as pessoas como são e recriminam com facilidade preconceitos, com sexo, humor, cor e estilo. São capazes de criar e expandirem seus interesses em ambientes que permitam envolver afinidade com o trabalho, do que o estímulo insosso somente por cargos, e, quando estimulados, dão mais valor à interação do que a ambientes sem muita conectividade. E, bem ao contrário das gerações passadas, estão mais interessados no que irão fazer do que somente no quanto irão ganhar. Velhos tempos em que a ambição era conseguir um emprego no Banco do Brasil e fazer carreira como funcionário público.

Sentem-se valorizados quando tratados com respeito por suas ideias, por seu caráter, pela criatividade, pela transparência, pela espontaneidade e originalidade que estabelecem um lugar cativo às suas conquistas. Essa galera, que chega ao mercado aparentemente tarde, impõe seus valores, é totalmente arrojada para os padrões das eras passadas, onde a meritocracia era o resultado principal como realização profissional, levando o sujeito aos louros da aposentadoria. Hoje, qualquer um que pense em passar vinte anos dentro de uma empresa está fadado a perder os próximos vinte anos repetindo a mesma coisa.

Até mesmo quando o assunto se refere a relacionamentos, a modernidade também mostra sua evolução, já que namorar nos dias de hoje passou a ser um estágio reservado de três finais de semana, devidamente programados pela agenda do celular com a possibilidade de mudanças repentinas. Para alguns, é o tempo suficiente e necessário para cair a ficha e perceber que não está mais "plugado na vibe".

Talvez, o difícil para as grandes companhias nos dias de hoje seja estimular essa galera a criar mais, sem se desmotivar demais, limitando suas ideias com meios pouco funcionais, não dando valor à modernidade que conecta diversos interesses, entendendo que o profissional do futuro é aquele que pode gerar resultados imediatos, mesmo com aparência de quem acabara de passar pela adolescência, com o rosto recém-marcado de espinhas, cabelinho emaranhado como quem acabou de levantar, pronto para ir ao trabalho de mochila nas costas, ouvindo música que baixou da internet, assistindo pelo celular à programação da TV digital, ao mesmo tempo em que faz amigos pelas redes sociais, deixando a prancha de surf estacionada entre a impressora e a baia do chefe, não entendendo o que um colega quer dizer ao outro, quando ensina como passar um fax. E quando chegam a sua casa passam um torpedo para a mãe dizendo o que querem comer no jantar em twittez, googlez, taguez, e internetês.

Parece que de uma hora para outra, passamos a viver num tempo em que os pais deram lugar aos filhos e que escrever um português errado "dá mais barato" do que ficar criando palavras antigas para dizer o que pensa. E pensar é justamente o que essa turma faz, quando os gestos dizem menos do que deveriam dizer, até mesmo porque o controle do mundo pode estar nas mãos de quem acabara de ligar o Playstation.

"Nem por você, nem por ninguém, eu me desfaço dos meus planos. Quero saber bem mais que os meus vinte e poucos anos." Já dizia o velho galã nos seus áureos tempos de sua modernidade, na qual, na época, ousadia era levantar a gola da camisa à altura do topete.

Não importa a geração que viveremos no futuro, porque todas de alguma forma colaboraram para o estágio que vivemos hoje, até mesmo porque o futuro era aquilo que a gente esperava para amanhã, mas que o presente faminto resolveu torná-lo presente, hoje.

Muda o homem que pensa que o mundo não muda.

O valor dos relacionamentos

Quantas pessoas você já conheceu que já deixou alguém, porque a outra pessoa deixou de ser bonita? Eu francamente, nunca conheci, até mesmo porque se o amor estava sustentado sob uma ótica estética, francamente não era amor. Entretanto se partirmos do pressuposto de que ser bonito não é o elemento fundamental que faz com que uma relação dure mais ou menos tempo, levamos a crer então que ela, a beleza, não é o item mais importante para o sucesso nos relacionamentos. E infelizmente é aí que a gente se engana.

As pessoas estão desenvolvendo uma forma muito dolorosa de se envolver afetivamente na atualidade. O verdadeiro sucesso nos relacionamentos não está baseado simplesmente na estatura física de alguém, mas sim no que a pessoa representa para a outra a curto, médio ou longo prazo. Minha mãe sempre disse que é preciso comer um saco de sal até que se conheça alguém de fato, e eu acredito nisso. A aparência é um fator importante sim, entretanto somente ela não é capaz de dosar a quantidade de sentimento que vai haver entre as pessoas. Nunca os centímetros estiveram tão em alta como nos dias de hoje e nunca o ser humano esteve tão em baixa em comparação a isso.

Começar um relacionamento leva muita gente para a terapia logo cedo ou a buscar algum outro recurso para entender o que os outros sentem para depois entender o que de fato se deve sentir e o que valorizar. Ou seja, para que nos sintamos bem é natural que os outros nos aceitem, que nos valorizem, que tenhamos uma referência de beleza que seja no mínimo empática, porém nossos valores e personalidade são itens importantes capazes de medir o quanto somos antes de tudo, aceitos por nós mesmos.

Não é fácil ser feio nos dias atuais, ainda mais com a criação constante de padrões de beleza que mudam a cada novela. Se o nosso nascimento dependesse do que os nossos pais se tornariam, depois de trinta anos de casados, não haveria padrões de beleza no mundo, e é incrível como há quem baseie sua felicidade em algo tão passageiro como a beleza. Não quero dizer que o fato de ser bonito não seja vantajoso, pelo contrário, uma boa aparência faz total diferença na hora de atrair alguém para uma convivência mais íntima, na hora de arrumar um emprego, na hora de vender um produto e até no tratamento entre vizinhos, entretanto é a biologia humana que gera o ser humano e não uma fita métrica. Valorizar apenas o que uma pessoa é por fora é o mesmo que assumir que você, também como pessoa, só tenha a aparência como principal moeda de compra e venda. Ou você acha que está fora da promoção? Quais são as suas medidas exatas para eu ver se você cabe na curva do meu braço. Gastamos mais dinheiro com o que os outros pensam de nós do que com o que pensamos de nós mesmos. Toda a vaidade está baseada no que as pessoas pensam ou pensarão de nós no curto espaço de tempo que conviverem conosco, e pouco em nosso bem-estar propriamente dito. O cabelo, a roupa, a maquiagem, o perfume, até mesmo o carro importado, tudo isso é influenciado pela sociedade que está a nossa volta e não pelas nossas reais necessidades. Com certeza, economizaríamos mais se utilizássemos todos os nossos recursos com coisas mais produtivas, do que em parecermos eternamente jovens e bonitos o tempo todo, como se alguém acordasse maquiado todos os dias pela manhã espontaneamente. A busca da perfeição mata silenciosamente quem veio a este mundo sem roupa alguma e acaba por jogar de escanteio as pessoas menos atraentes, como se fossem peças de reposição almejando alguma utilidade. É difícil encararmos essa situação, assim como é mais fácil conviver com a ignorância desse fato, porém todos os dias ouvimos pessoas dizendo que não se sentem amadas porque não se acham bonitas, ou que para serem felizes precisam ser cortejadas o tempo todo. Nossa fraca e constante necessidade de aprovação nos coloca em xeque todos os dias. Da infância até o final de nossa existência a vaidade continua sendo e sempre será o pecado favorito da humanidade.

Os bonitos que me desculpem, mas tem muita gente feia fazendo mais sucesso visualmente do que muitos manequins vivos por aí. Talvez pela falta desse recurso natural que a natureza deixou de aperfeiçoar, é que essas pessoas passam a investir em talentos que são de fato mais interessantes do que a beleza. Conheço, por exemplo, grandes profissionais de sucesso que se fossem postos sob uma ótica estética não passariam de calouros no baile de formatura de veteranos, com espinhas na cara, acima do peso, usando óculos gigantes, sem a menor atratividade, entretanto mantiveram seu foco naquilo que era produtivo e conquistaram seu lugar ao sol, muito mais do que aqueles que se prenderam ao que era passageiro.

As pessoas que mais marcaram minha vida afetivamente, por incrível que pareça, foram justamente aquelas que não estavam dentro de um perfil comercialmente valorizado. Coincidentemente ou não, foram pessoas que, antes de serem bonitas, buscavam as mesmas coisas que eu, ou seja, tudo aquilo que uma vida a dois poderia proporcionar, e no espaço de tempo que conviveram a meu lado, mantiveram o ideal de entender o que uma pessoa pode fazer para outra pessoa ser feliz, e ao mesmo tempo tornar-se inesquecível sem basear-se numa aparência incapaz de provar a idoneidade ou o caráter de alguém. O que devemos buscar antes de tudo é a satisfação de parecermos o que somos de verdade, por dentro e por fora;

de almejarmos nossa independência, nosso conhecimento, o ideal de ser feliz, custe o que custar. Nossa vida começa muito antes do que somos capazes de entender. Muito antes do primeiro beijo, do primeiro amor ou da primeira frustração; entretanto muita gente é capaz de se anular por inteiro, se o amor de alguém não for conquistado. O amor próprio tem de vir primeiro, muito antes do amor por outra pessoa. É ele que dosa a quantidade de aceitação que temos por nós, a quantidade de amor do qual precisamos, do quanto podemos ser ou não dependentes de alguém e do que verdadeiramente precisamos para ser feliz. Quando isso está definido em nossa vida, fica claro e evidente do que realmente precisamos para viver bem, e compreendemos que ter alguém do nosso lado significa agregar e somar a tudo aquilo que já construímos.

Amor à primeira vista é a coisa mais comum que existe. Basta você caminhar por vinte minutos num shopping center e será capaz de apontar alguém por quem se apaixonaria fácil; entretanto imaginar que essa pessoa o ame da mesma forma, com a mesma reciprocidade e que corresponda ao mesmo tempo a tudo aquilo que você espera que ela seja, é outra coisa. É algo que vai além da nossa capacidade e do nosso entendimento. Mais uma vez podemos entender que beleza não é o mais importante na hora de definir sucesso e fracasso em relacionamentos. Tem a ver com a maneira de como você lida consigo mesmo, de como você lida com os outros, como lida com os meios e os valores a sua volta. Alguém que ama a si mesmo, jamais estará sozinho e jamais dependerá de alguém para ser feliz. Só quem sabe aonde quer chegar, sabe que caminho deve seguir. Sabe também que a compra de um carro novo, a busca por um bom emprego, por uma faculdade, a viagem dos seus sonhos, tudo isso está ligado ao esforço pessoal que você fará para conseguir e não no amor voluntário que alguém pode desenvolver por você.

Os relacionamentos nos dias de hoje foram banalizados devido à quantidade de pessoas no mundo. Os valores das pessoas foram diminuídos para que elas se comercializem com mais facilidade, resultando em relacionamentos falidos, propensos a mágoas e tristezas profundas, ressentimentos intermináveis e uma grande frustração de quem jamais teve a chance de ser amado por alguém de verdade. Estamos vivendo uma época em que as pessoas valem o quanto pesam, o quanto custam e onde moram e que de preferência tenham um padrão de beleza individual para atender uma demanda cada vez mais exigente. Daí eu me pergunto: Como atender a tantos critérios de beleza e continuar sendo a mesma pessoa? Não é fácil. Não é fácil para quem escolhe e muito menos para quem é escolhido. Um supermercado inteirinho de seres humanos que não se juntam para perpetuar a espécie, mas sim para desenvolver uma aliança com outros seres humanos perfeitamente selecionados.

Independentemente da beleza, cada ser humano tem o direito de ser amado e respeitado naquilo que é e pode vir a ser. Ninguém neste mundo é uma ilha, e mesmo que fosse a mais sofisticada, mesmo sim, precisaria de pontes, e todas as pontes são feitas de homens e de mulheres de força, gente que trabalha e que luta todos os dias para vencer a seu modo a desigualdade. Se nascer não foi uma escolha, viver bem e ser feliz passam a ser um ideal a ser buscado a todo custo, seja gordo, magro, feio, bonito, alto, baixo, branco ou negro.

Vive feliz o feio que aprendeu a gostar de si mesmo e que é feliz aceitando a beleza das outras pessoas, sendo elas como são.

Arrependimento
Corra que ainda dá tempo

Ele acontece. Mais cedo ou mais tarde, a qualquer hora e a qualquer momento, não importa. Basta um gesto e muitas vezes nada e lá se vai um motivo. O arrependimento.

O arrependimento é aquela coisinha latejante, dolorida, que aparece quando percebemos que, de todas as opções que havia, escolhemos justamente a errada. Desde os primórdios dos tempos, o homem tem buscado nos astros, na física e na atmosfera, algo que o ajude a prever o futuro, como uma forma de evitar acontecimentos e facilitar as decisões mais difíceis, quer seja para atuar nas guerras, nas decisões políticas, nas ações imediatas e urgentes, até mesmo na decisão da própria carreira. Independentemente da inteligência e do raciocínio, o erro estará sempre presente na condição de ser humano que somos. E isso jamais admitiremos facilmente, uma vez que a impossibilidade de acertar tudo o tempo todo alimenta uma ansiedade que é bem a nossa cara.

Fazemos escolhas, tomamos decisões, optamos entre vários caminhos e assim a vida vai se definindo. Basta uma única decisão não acertada, sem direito a um "test drive", e de repente tudo muda. Começamos a nos enganar e equivocar muito cedo, quando então a vida nos obriga a tomar decisões que, por imaturidade e por não saber fazer planejamentos e análises de riscos, corremos risco de errar. Embora nos sintamos na condição de tomar decisões sozinhos, feito gente adulta que sabe o que está fazendo, nem sempre aceitamos a capacidade de cometer burradas com a destreza de quem faria isso de olhos fechados. Já que não se pode voltar no tempo para apagá-lo, o jeito é acreditar na possibilidade de corrigir os erros em algum momento.

Arrepender-se é uma maneira de lavar a alma da culpa, dando permissão à consciência para se libertar. A própria consciência nos mostra e sinaliza quando alguma medida precisa ser tomada, do contrário não seria fácil carregar o peso do erro cometido sobre os ombros, como uma escalada torturante. O arrependimento sempre nos acompanhará, desde a infância até o último segundo de vida, a diferença é que, quando jovem, os erros são justificados pela falta de experiência, e quando adultos, somos condenados pela falta de atenção. À medida que o tempo nos torna conscientes do que fizemos de errado, a culpa pode se tornar muito maior que o simples ato de se arrepender. Por isso é muito importante entender cada processo para não potencializar e se penalizar demais. O lado bom do arrependimento é a análise crítica que nos resta depois que algo de ruim acontece e o que teremos de fazer para converter o erro em acerto. Toda ação imediata se resumirá em tomar decisões que ajude a virar o jogo, antes que a emenda não surta mais efeito e não haja outra maneira de consertar o problema.

A palavra arrependimento impulsiona uma mudança de atitude contrária ou oposta àquela anterior. O conceito de arrependimento na teologia cristã está relacionado à ideia de pecado. Segundo o conceito, o ser humano arrepende-se de seu pecado quando toma consciência do que praticou, reconhece sua condição de pecador e deseja não cometer o mesmo erro, porém pesar por si só as próprias atitudes é capaz de abrir um buraco na alma tão grande que aparentemente cega a pessoa diante das soluções mais óbvias. Por isso, o arrependimento se torna um bem intransferível, por nos sinalizar o que precisa ser feito enquanto há tempo, ajudando a sanar um tipo de dor que não se alivia com remédios, capaz de esconder-se na ausência de lágrimas. Quem sente a culpa, sabe o peso que carrega e o alívio que dá o perdão recebido, como um refrigério que atinge o fundo da alma, dando uma nova chance ou quem sabe uma oportunidade de recomeçar do zero, ainda que recomeçar do zero não exista, uma vez que a experiência não lhe permitirá a inocência de principiante.

Todos nós, em algum momento da vida já fomos levados ao arrependimento, causado por um pensamento, por uma palavra ou por um gesto, não importa. Se existe a culpa é porque existe a falha. Não quero usar aqui a palavra "pecado" para não cairmos nos preceitos religiosos que podem ser infinitos, mas sim compreendermos nossa própria estrutura como tomadores de decisões certas ou erradas, sempre lembrando que nada neste mundo é cem por cento absoluto.

Do mesmo jeito que carregamos o sentimento da culpa, que pode aumentar ainda mais o tamanho do engano, temos também o talento por executarmos julgamentos, assim como a condensação por algo que superficialmente conhecemos. Esse gesto sai quase que de imediato, podendo levar ao culpado a obrigação de carregar seu pesar ainda mais longe. É quase inevitável. Isso ocorre porque somos os únicos seres vivos capazes de conviver e de carregar a culpa, porque somos dotados de consciência, que nos torna diferentes dos outros animais, assim como a saudade, a lembrança, o ressentimento, o arrependimento e nossa maldade em flagelar os outros são sentimentos inerentes ao ser humano.

Quando cometemos uma falha ou dizemos uma palavra que não deveria ter sido dita e nos tornamos conscientes disso, o arrependimento vem logo de imediato, apontando que precisamos regressar para rever nossas atitudes. Assim como o sentimento da culpa é latente e inevitável, o reconhecimento do erro é uma atitude gloriosa. Infelizmente, o que muita gente faz é considerar o arrependimento como algo pessoal e totalmente subjetivo, cabendo a si mesmo admiti-lo ou não. Ou seja, o sujeito se liberta da culpa, simplesmente por considerar que o erro não seja grave ou que simplesmente não existiu, evitando sujar a própria consciência. Assumir o erro e corrigi-lo não só demonstra a confiança em si mesmo, por entender que tudo na vida tem um começo, meio e fim, e que o final não precisa ser algo doloroso, assim como nos ajuda a compreender a importância de analisar todas as consequências do erro, evitando que o veneno da culpa nos mate lentamente.

A culpa nos deixa cabisbaixos, desesperados, sem esperança, tristonhos. Afeta nossa autoestima, alimenta a vergonha e obstrui nosso senso de direção. Os dias se tornam cansativos, pesarosos, atingindo nossas expectativas e nosso crédito com os outros. O arrependimento, porém, sinaliza que ainda há uma alternativa: voltar aonde tropeçamos para recomeçar. Mesmo sem poder voltar ao passado, a decisão de recomeçar é uma decisão importante e, quanto mais cedo ela acontecer, melhor será. Admitir um erro é se permitir a possibilidade de acerto. É como dar vida nova às coisas que parecem velhas e desgastadas. De sã consciência, ninguém comete enganos, por isso trocar a culpa por uma nova chance é bem mais sensato do que ficar remoendo o passado que nem sempre permite rasuras.

Casar agora ou esperar um pouco mais? Optar por uma pós-graduação após a formatura ou aguardar o ano seguinte? Trocar ou não trocar de emprego? A tomada de decisão ou a indecisão estão sujeitas ao arrependimento. Não se pode prever o final de tudo, por isso o receio e a cautela sempre beiram as decisões importantes, assim como a angústia, a depressão e o isolamento quando algo sai diferente do que havia sido projetado no papel. O jeito é arriscar, é tentar, é ver de perto como as coisas são para depois decidir pelo melhor, embora nem sempre o melhor para nós, seja o melhor para o momento. Há instantes em que recuar é necessário para se chegar mais longe. Nesse caso é bom manter o foco no objetivo e não dar atenção à ansiedade que tende a pôr pressa onde se pede prudência.

Há decisões que não esperam por nós, em que o resultado muitas vezes sai melhor do que se tivéssemos planejado. A chegada de um filho, o encontro com pessoas interessantes em situações ocasionais, a oportunidade de um novo negócio, enfim. A vida se apresenta de diversas maneiras em nosso dia a dia, mostrando um jeito novo de fazer diferente, nos dando o livre-arbítrio de decidir agora ou depois, neste ou em outro momento, pelo o que é bom ou pelo o que é mau. Podemos dizer que a melhor decisão é aquela sinalizada pela sorte ou talvez pela percepção de que tudo que conspira para o bem sempre caminhará para frente, principalmente para quem olha tudo com sensatez, prudência e sabedoria.

Os arrependimentos são profundos quando perdemos oportunidades. Elas sim representam um golpe de sorte que não se deve subestimar. Os anjos estão dizendo amém enquanto você não se desliga de seu programa preferido, perdendo um momento que poderia ser crucial, muitas vezes irrecuperável. Um emprego novo, um carro novo, uma viagem, a compra de uma casa, enfim, um bom negócio, que possa parecer único, cujas chances de voltar a acontecer são remotas, podem parecer um erro. Um romance novo, por exemplo, que você não percebe porque insiste sempre em sair de óculos escuros. A sorte está passando a sua frente e só você não vê. Senta a seu lado e você não enxerga. Toca em seus ombros e você não percebe. Fala com você, mas você não ouve. Falta de atenção também causa arrependimentos.

Coisa que causa arrependimento, por exemplo, é não dizer à outra pessoa o quanto você é feliz a seu lado, o quanto sua vida mudou com a presença dela, o quanto você agradece à vida suas coincidências. De dizer ao pai e à mãe o quanto você os ama, o quanto agradece tudo o que fizeram por você, todas as oportunidades que lhe deram de ser alguém de bem, todos os valores que lhe passaram, o carinho e a atenção que lhe deram. O tempo passa para todo mundo e será doloroso você querer dizer tudo isso quando não houver ninguém para ouvi-lo. Para que os ouvidos ouçam o amor, o coração precisa estar batendo.

Essas chances não podem ser perdidas, elas são únicas e têm tempo limitado. A vida tem uma passagem breve e funciona em um tempo diferente do nosso. Arrepender-se por uma falha, por um erro, por uma palavra mal dita ou por um gesto malfeito, tem conserto. Basta ter a humildade de reconhecer-se humano, de errar, mas saber perdir perdão e perdoar. O mundo nos mostra uma infinidade de possibilidades de recomeçar, mas deixar de dizer a alguém o quanto o ama é uma oportunidade perdida, daquelas que não voltam mais, ainda que depois de mil cartas escritas à mão.

Sempre haverá nova oportunidade de aprimorar nossas atitudes. Cada novo ano representa um recomeço, uma nova chance, uma nova promessa, e com certeza encontraremos muitas possibilidades de mudanças, de novidades. Enquanto houver força de vontade, haverá pontes ligando pessoas, desculpas juntando braços e cabeça encontrando ombros. Não sabemos de tudo o tempo todo. Somos tão sujeitos a falhas quanto a gravidade. Nossa vida só precisa de um instante tanto para nascer quanto para morrer e, depois que morremos, nada podemos fazer, senão aguardar que do outro lado haja um lugar melhor e uma razão maior para continuarmos existindo.

Não se deixe corroer pelo sentimento de culpa que move a alma para dentro de um alçapão sem fundo. Abra seu peito para as coisas novas e as janelas para um novo dia. Mostre-se arrependido pelas coisas que fez sem razão, mas assuma que precisa mudar. Feche os olhos para a indiferença, para a solidão, para o egoísmo que nos cegam facilmente. Ninguém vive sozinho. E, antes de tudo, aprenda a perdoar os outros e a si mesmo para que você experimente a ausência da culpa, porque ter culpa é quando todas as chances se esgotaram para sentir arrependimento. Arrepender-se, no entanto, é ter os braços abertos e o coração pulsando pelo perdão.

O preço da opressão

*Não é preciso ter pressa. A impaciência acelera
o envelhecimento, eleva a pressão arterial e apressa a morte.
Tudo chega a seu tempo.*
(Masaharu Taniguchi)

Trabalhar é a única forma que existe de dar sentido aos calos da mão. Não há outra maneira. À medida que vamos adquirindo os calos, vamos abastecendo-nos de dignidade, de independência, melhorando a autoestima, abrindo um mundo inteiro de possibilidades, que só estanca quando os dias de labuta dão lugar à tão sonhada aposentadoria. Mas, até esse dia chegar, muita pressão ainda vai passar por debaixo do bate-estaca.

Ainda que compreendamos que o trabalho é o que dignifica o homem, a pressão que se ganha em troca muitas vezes não é nada generosa. Cada ano que passa os desafios são maiores, as metas cada vez mais inalcançáveis, os prazos cada vez mais reduzidos e o trânsito de volta para casa interminável. Sem contar as contas, os juros, a falta de tempo para coisas pessoais, e por fim as obrigações com a aparência, com o corpo, contra a força do tempo que nos castiga a todo instante. Não é fácil sair vivo dessa romaria todos os dias, sem comprometer o subconsciente com tanta informação. Não é algo fácil e simplesmente "desconectável". Infelizmente tudo isso se transforma em preocupações, em pendências latejantes e muitas vezes num profundo remorso por não conseguir terminar um trabalho dentro do prazo.

Ser o melhor a cada dia, trabalhar mais para assumir maiores desafios e ter menos descanso interrompem o que deveria ser prioridade: a felicidade com o que já foi construído, o sossego da alma e do espírito, o desapego das coisas que poderiam ser menos importantes. A busca incansável por algo que supostamente precisaremos é o que nos faz correr o tempo todo. Uma visão negativa do prejuízo, que nos faz trabalhar dobrado na expectativa de repor o que ainda nem foi perdido. É dessa forma que trocamos nossa liberdade de estar com a família, a alegria na roda de amigos, as descobertas de uma viagem ou mesmo a leitura de um bom livro, por paredes pintadas de um branco que empalidece nossa fé de um dia ver isso mudar antes de sofrer um infarto.

As dores de cabeça constantes, a fadiga, o diabetes, os conflitos interiores, a insônia, os descontroles emocionais, os lapsos de esquecimento são sintomas ocasionados pelo excesso de trabalho que comprometem a saúde física e mental. Sem contar o estresse e a depressão que levam todos os anos milhares de pessoas a buscarem tratamento médico e uma terapia eficiente que resulte em uma cura instantânea, a fim de que não fiquem muito tempo afastadas das atividades e possam retornar ao trabalho antes que o chefe sinta falta do relatório semanal em cima da mesa.

Há profissionais que chegam à beira da loucura, do esgotamento físico, moral e sensorial. Isso gera, muitas vezes, consequências sérias e graves, como o suicídio. Esse tipo de situação infelizmente tem sido cada dia mais comum em muitos lugares. Na China, por exemplo, a Foxconn, uma das maiores fabricantes de componentes eletrônicos do mundo, que emprega atualmente mais de 900 mil pessoas, é considerada uma prisão para muitos profissionais, uma vez que muitos acabam morando nas próprias fábricas, por não terem como retornar para suas casas, devido à estafa e às pressões para cumprirem metas desumanas e inatingíveis. A empresa já chegou a dobrar salários dos funcionários, a contratar psicólogos, como forma de disponibilizar ajuda psicológica e, o mais absurdo, mandou instalar redes de proteção ao redor dos prédios, para prevenir a onda de suicídios que aconteceram nos anos anteriores. A Foxconn, que é uma das principais fornecedoras de equipamentos da Apple, é alvo de protestos todos os dias dos funcionários, dos parentes deles, e das forças sindicais, a fim de evitar ainda mais tragédias. Em silêncio, sem divulgação, morrem pais de família, no mais completo desespero, completamente dependentes e isolados do mundo, como se a necessidade e a pressão do trabalho fossem na vida um fardo intransferível.

O temor de todo profissional é enfrentar o dragão do desemprego. Ser pego de surpresa e ficar sem ocupação é um fato capaz de destruir qualquer sonho ou plano futuro. Muita gente trabalha dobrado, não apenas para merecer um aumento de salário ou simplesmente cumprir as metas, mas para conseguir manter o próprio lugar na empresa, prejudicando muitas vezes a saúde e arriscando a própria vida. Por outro lado, muitas empresas criam áreas de descompressão, aumento de benefícios e até folgas semanais, como forma de aliviar a pressão do dia a dia, mas acabam redobrando a pressão sobre os funcionários de outra forma para compensar os elevados custos que tudo isso provoca.

Hoje, os jovens já estão bastante preocupados com o que vão encontrar pela frente, por causa da falta de emprego e de oportunidades. Em casa também são pressionados a estudar pelos pais que querem vê-los mais bem preparados. Essa pressão por vezes deixa-os mais agressivos e desestruturados emocionalmente.

Infelizmente, essa é uma onda que não tende a diminuir com o passar dos anos. A cada dia, mais de nós será cobrado, mais seremos subtraídos dos prazeres que aliviam nossos ombros e mais seremos compelidos a continuar escravizados pelo capitalismo que se assemelha ao feudalismo da era passada.

O pior é que, muitas vezes, nem as férias representam um alívio para os que já estão acostumados a suportar essas pressões o tempo todo. Geralmente, há quem prefira adiar o merecido descanso por se sentir culpado, temeroso e inseguro de estar ali gozando as férias, embora seja seu direito. Sente-se mal por não estar na empresa ajudando a resolver os problemas intermináveis e construindo labirintos de planilhas que o faça se sentir mais útil diante dos colegas, dos chefes e dos clientes. Para essas pessoas, as férias acabam se tornando algo de muita tensão, que abre uma ferida psicológica na alma, gerando uma pressão ainda pior por causa do descanso obrigatório, que acaba sendo um gerador de culpa por estar ausente do trabalho.

Cada profissional, desde o mais simples até o alto executivo, já passou por momentos de angústia, preocupação e até mesmo de solidão pela pressão do cargo, das atividades e também dos desafios que recebe. Os mais enjaulados nessa situação rotulam que todos os dias sejam segundas-feiras porque é mais fácil encarar a obrigação do que o prazer. Fazem tudo tão automático que fica difícil separar a máquina do homem. É difícil num ambiente desse separar o que é trabalho e o que é hora de descanso. É difícil assumir que depois do expediente cada um deve assumir suas atividades pessoais e esquecer as pendências deixadas no trabalho, e que o chefe não pode interferir sobre sua vida pessoal.

O poder associado à agressividade de líderes poucos preparados, entre outros fatores, tem se tornado um dos principais motivos que influenciam na baixa qualidade de vida, nos problemas de saúde, no relacionamento familiar e interpessoal, na solidão, na angústia, na depressão e na infelicidade dos trabalhadores, de modo particular dos executivos, conforme afirma Flávio Amatti, diretor de Relacionamento com Clientes e Projetos da Execplan (especializada em processo decisório).

Gente maquiavélica tem em qualquer lugar, mais ainda no trabalho, onde o ambiente é propício para essa gente agir. É no ambiente de trabalho que nos deparamos com pessoas invejosas, que querem nos prejudicar, torcem e fazem de tudo para nos derrubar. Já não bastam as pressões para cumprir os prazos e cumprir as metas e ainda nos deparamos com pessoas que insistem em nos puxar o tapete, mesmo sabendo que convivemos com elas. Essas pessoas só olham para si mesmas, querem fazer o próprio marketing, roubam nossas ideias a fim de se beneficiarem com nossas informações. Sem contar os articulados que confundem nossa mente, fazendo-nos acreditar que entre o amigo e o monstro existe a mocinha que nem estava no filme. Gente mais preocupada com a pose do que com os resultados que melhorariam a vida de todos.

A vida depois do trabalho, com a família e com os amigos, no lazer, é indispensável para aliviar as tensões e evitar que ganhemos uma úlcera. Encontrar tempo para relaxar é indispensável a nossa saúde.

Toda a pressão tende a empurrar o corpo e a mente para baixo. O estresse, o desespero e a depressão fazem parte de um estágio que vem antes da loucura, e de nada adiantará ganhar o mundo inteiro mas perder a razão e, em seguida, a alma.

Há uma família por trás de um trabalhador, de um executivo, de qualquer pessoa. Os filhos estão à espera do pai que lhes mostrará na prática os valores dos quais não deverão se afastar, jamais. Há também por trás de um executivo um casamento lavrado às chamas das promessas de que um cuidará do outro em qualquer instante da vida. Há planos que precisam ser cumpridos, antes que o relógio do tempo pare na estação em que a vida termina. O coração precisa estar tranquilo, ainda que a mente esteja aberta para que tudo permaneça em seu devido lugar e na paz. Precisamos compreender de fato quais são nossas reais necessidades e prioridades, antes de nos submetermos àquelas que nos ditam os outros, sem misericórdia de nós.

Antes de ser estimulados a sermos homens de sucesso, precisamos construir as ambições que nos farão realmente completos. Ter uma família feliz, estar perfeitamente saudável e aproveitar o melhor que a realização profissional possa proporcionar, deveriam ser a principal meta antes de qualquer outra. Precisamos ceder à pressa de ser feliz agora e resistir à pressão de estar infeliz por mais tempo, ainda que realizados, uma vez que essa insatisfação nunca acabará. Precisamos aprender a desacelerar, a não querer além do que está sendo conquistado. Estamos colocando preços aos nossos valores, nos momentos com a família reunida. Estamos substituindo o que é permanente, como nossa vida cercada de pessoas amorosas, por algo que se quebrará em breve ou que será substituído na próxima estação, como acontece ao sermos descartados do emprego. Optemos sempre pela versão melhor e não pela mais frágil.

De que adianta ter a tecnologia cada vez mais aprimorada se os anos vão passando por nós e vamos vendo que nunca chegaremos à perfeição? De que adianta investirmos na educação de nossos filhos, se os filhos dos outros enlouquecem e colocam a vida dos nossos em risco? Do que adianta ter a casa dos sonhos se o muro coloca os passarinhos do lado de fora do condomínio? Quanto mais perto do céu a gente está, mais longe do chão a gente fica. E infelizmente corremos o risco de estarmos inseridos na estatística dos que não chegarão à idade avançada sem ter trocado uma das válvulas do coração, sem ter enfrentado uma terapia, sem ter conhecido a escuridão da depressão.

Todos os anos cedemos um pouco mais, como se essa parcela de nós não fosse nos fazer falta. Todos os dias andamos menos do que deveríamos andar e comemos mais do que precisaríamos comer para manter controlada a ansiedade que perturba tanto nosso espírito. Tornamo-nos amigos daqueles que possuem o mesmo que nós e raramente abrimos exceções, não proporcionando uma troca justa entre o vazio e o falso cheio. Brigamos para defender o que é nosso, como se soubéssemos de que realmente precisamos. Colocamos Deus ou algum outro Ser superior do mesmo lado onde se guardam os medicamentos, os livros de autoajuda e os amuletos para dar sorte. O homem continua sendo escravo do outro homem, não importando o tempo que tenha vivido. Infelizmente, nessa senzala sempre caberá mais um, e nem adianta negar, achando que está menos sucumbido que os outros.

Quanto mais luxuosos são os carros que vejo passar pelas ruas, mais coitado eu considero o cara que o dirige, porque mais de si está sendo tirado. Menos para si está sendo reposto. A cobrança sempre será maior para quem tem mais, do que para aqueles que nunca tiveram coisa alguma.

Poucos de nós terão o privilégio de ter a vida transformada em um *best-seller* ou de ter dado conselhos que serão seguidos por uma multidão. Mal conseguimos quatro ou seis seguidores no Twitter. Entretanto não esqueçamos a razão pela qual passamos a vida inteira lutando, e que, embora seja o trabalho que paga nossas contas, ele não compra nossa vida, tampouco a sorte de um amor tranquilo. Não mudamos o mundo de uma hora para outra, como se muda um armário da sala para o quarto, mas podemos começar trancando a porta que separa o feliz do infeliz, o realizado do insatisfeito, o otimista do inconformado, a pessoa que trabalha para si da que trabalha para o mundo. O peso das decisões não pode ter mais poder do que a mão que lhe autoriza ser feliz depois do trabalho, diante de tudo que pode ser mais importante: a certeza de ter feito o melhor que pôde, com a sensação de liberdade e de estar realizado por completo.

Segundo Gibran, as tartarugas conhecem as estradas melhor do que os coelhos, mas você conhece sua vida melhor que ninguém. Vai lutar para ser feliz depois de velho?

A demissão

Como reagir à palavra demissão, uma palavra fria e cheia de tanta solidão? Solidão porque diante do algoz, aquele que dispensar você trabalho, você será a pessoa mais solitária que existe, uma vez que não serão levadas em consideração suas necessidades, seus planos futuros, as prestações das compras que foram realizadas nos últimos meses, a carreira, as férias e assim por diante. Parece que o chão é tirado debaixo de seus pés e você mergulha em um abismo. Uma palavra capaz de frear momentaneamente seus anseios e que o faz rever obrigatoriamente prioridades e promessas, todas as suas perspectivas em relação à empresa, e que diante da situação, torna-o uma *persona non grata* da porta para dentro.

A demissão é capaz de ferir profundamente a alma do empregado, atingindo diretamente sua autoestima, autoconfiança, segurança e controle emocional. Até que a "ficha caia" e se possa perceber a dimensão do que aconteceu, levará muitos dias, semanas ou meses, até que se consiga reagir e começar a se levantar de novo. Não é simples e tampouco fácil encarar uma realidade que remete a um futuro incerto, instável, cheio de desafios, mas infelizmente devemos estar preparados para, se isso acontecer, evitarmos uma recuperação dolorosa.

O desligamento de um colaborador numa empresa pode ocorrer por inúmeros motivos, desde problemas de desempenho ou conduta profissional até as reestruturações corporativas, em que inevitavelmente se faz necessário dispor de uma mão de obra qualificada para a empresa se adequar à nova situação. O processo de demissão não é algo simples, uma vez que as necessidades do empregador nem sempre estão de acordo com a compreensão do empregado. No entanto, as demissões fazem parte da rotina das corporações e saber executá-las de maneira natural e menos agressiva é o desafio diário de quem lida na área de recursos humanos e também de gestores que precisam dar uma notícia dessa a um colaborador.

Se você é gestor, precisará ter muita habilidade para saber lidar com o profissional numa hora tão delicada como essa, evitando maiores problemas e até mesmo constrangimentos. É natural que num momento como esse o colaborador queira entender o que fez de errado, como forma de se convencer a aceitar a situação ou de convencer o próprio gestor a voltar atrás. Por isso é tão importante, antes de chegar a esse ponto, que sejam dados todos os feedbacks possíveis. Essa atitude do gestor tende a facilitar o momento de comunicar a dispensa do colaborador, uma vez que o mesmo já tenha sido advertido várias vezes sobre suas atitudes, seu comportamento e suas competências. As reincidências por si mesmas servem de justificativas e tornam breves esses momentos difíceis.

É preciso manter o respeito diante de qualquer profissional, ainda mais com quem já tem anos de casa. Infelizmente, para aqueles profissionais que pararam no tempo e que de lá para cá não inovaram, que não empreenderam coisas novas e que não se prepararam para as mudanças que o futuro trouxe, o cenário acaba não sendo dos melhores. A cada dia o mercado se torna mais competitivo, as empresas ampliam seus negócios e atraem profissionais capacitados e especializados, capazes de conduzir a empresa a um lugar de sucesso almejado. Para a camada mais jovem, a competitividade acaba sendo positiva, oferecendo carreira e benefícios, ainda que estabilidade não seja lá uma condição que se leve adiante como vantagem.

Já a outra camada de profissionais, que não se atualizaram, as empresas do novo milênio vão deixando-os para trás, indisponíveis. Porém, o que não pode acontecer é deixar transparecer ou passar a sensação de que todo mundo já sabia da demissão, menos o demitido.

A competência é item determinante na hora da tomada de decisão sobre uma demissão. Nenhuma empresa abre mão de bons profissionais, aqueles competentes e qualificados. Por isso estar qualificado, formado, atualizado e bem informado acaba sendo elemento importante à empresa na hora de ter de optar por demissões. Carlos Alberto de Souza, da Merkatus, alerta: "Os fatores do sucesso podem ser resumidos aos cinco 'Rs': Relevância, Reconhecimento, Receptividade, Responsabilidade e Relacionamento". O profissional que consegue ao longo da carreira manter-se orientado por essas virtudes, certamente saberá o que fazer quando as dificuldades baterem à porta.

Vale lembrar que a demissão não é final de uma linha, mas o recomeço de uma nova estrada, de um novo caminho que precisa continuar, apesar dos infortúnios. Nada é assim tão permanente, a menos que você se dê por derrotado e se abstenha das oportunidades que surgirão pela frente. Nessas horas, estar bem relacionado acaba ajudando na indicação ou até mesmo na recolocação, diante de um mercado que sempre está à procura de pessoas como você.

Há uma linha muito fina entre empregador e empregado. O que difere um do outro são as oportunidades. Quem demite hoje pode estar na mira no dia seguinte. Não há garantias nenhuma de que amanhã não sejamos nós que estejamos na linha de frente, esperando que uma palavra nos tire da execução à queima-roupa. Por isso, é tola a ideia de achar que quem demite tem o pleno poder sobre quem não tem chance alguma de evitar o inevitável.

Por mais que o mundo mude e a cada ano um quilômetro a mais trabalhado seja exigido de nós, jamais perderemos a referência de que somos um produto com bom preço, com praça para expandir conhecimento e promoção para atrair interessados. Os quatro "Ps" – produto, preço, praça para expandir e promoção – tornam todo mundo igual perante a carteira de trabalho.

Na função de gestor, caso seja inevitável a demissão de um membro da equipe é importante deixar claro como o processo deverá seguir para evitar problemas maiores. Segundo Daniela do Lago, especialista em Comportamento Corporativo: "O processo da demissão deve ser planejado detalhadamente, conhecendo o papel do desligado, mantendo com clareza o real motivo da demissão. Se possível dê a notícia na parte da manhã. Convoque o demitido para uma reunião (curta, cerca de 10 minutos) e tenha sempre em mãos os dados necessários para informar os porquês da demissão. Prepare-se para administrar a reação emocional do demitido. Esteja pronto para responder a perguntas. Faça um roteiro do que ele deve fazer assim que deixar a sala e explique claramente o que precisa ser devolvido e o que pode ficar com o demitido. Faça-o assinar a documentação antes de deixar a sala. Quando possível, ajude o demitido a se recolocar e diga que ele pode dar seu nome como referência. Cuide da comunicação interna e externa".

É importante ter a noção do efeito negativo que a demissão pode causar sobre o profissional, tornando-se uma carga enorme para ele suportar durante a trajetória de volta para casa. Isso o fará perguntar-se a cada minuto o que será que fez de tão errado para não lhe terem dado uma segunda chance.

Não é fácil encontrar uma justificativa que nos isente da culpa ou da falta de atenção, no entanto precisamos nos dar um prazo de tolerância com começo, meio e fim, do contrário viveremos remoendo um passado que não nos levará ao futuro.

Todo mundo já passou por isso ou vai passar um dia. O mercado é muito oscilante. O que parecia uma tendência ontem, hoje pode representar uma falência. Tudo muda repentinamente e estar preparado para as mudanças é o que torna um profissional capacitado. Quem dorme no ponto e só se dá conta que precisa tomar uma atitude quando recebe a comunicação da demissão, terá mais dificuldades de gerir essa demissão. Queira ou não queira, essa é uma situação que pode acontecer com qualquer um.

Diante de uma demissão, sendo ela prevista ou imprevista, o empregado deverá admitir seus limites e compreender que voltar atrás não tornará o impossível, possível. Nada é para sempre, mas seu plano de previdência bem que poderia prever alguns dissabores e reservar alguns tostões para a terapia que deverá durar algum tempo até a superação.

Muitos livros falam de como chegar ao sucesso, mas poucos advertem sobre como atravessar a demissão. Talvez porque não haja muito para ser dito, a menos que você seja o tomador dessa decisão, mas nesse caso estaríamos falando de novos desafios, ousadia, determinação, segurança e oportunidade. Seria muito bom se a cada instante tivéssemos inúmeras oportunidades para escolher, assim não teríamos de lidar com a perda, com a escuridão dos dias difíceis e até mesmo com a inércia que tapa nossos olhos para uma realidade que passa insistentemente a nossa frente.

Às vezes, precisamos sair de nossa zona de conforto e abrirmos as portas para uma nova atitude. Muitas vezes, uma demissão pode representar algo positivo, uma oportunidade para que novas expectativas surjam e melhorem aquilo que já pode ser bom. Basta entendermos que nesta vida nada é por acaso ou simplesmente que as coincidências nos levam a algo mais interessante, a conseguir coisas mais nobres e elevadas. Se o fato de uma demissão nos toma de surpresa, significa que outros caminhos precisarão ser traçados e que um recuo estratégico em um momento crucial da vida é inevitável.

Então que seja enquanto tivermos forças para continuar lutando e acreditando que tudo ainda é possível.

Isso não nos tornará piores, pelo contrário, pode impulsionar a opção de sermos ainda melhores do que havíamos esquecido que somos. Dói no começo, mas toda dor passa, assim como tudo que não é para sempre se regenera. O importante é tirar bom proveito das amizades verdadeiras que se manterão cultivadas, das experiências das quais jamais esqueceremos; das oportunidades que tivemos e das vezes em que recomeçar do zero valeu a pena e teve um grande significado para o crescimento interior.

O peso da atitude

*Uma atitude positiva pode não resolver todos os seus problemas,
mas ela irá incomodar uma quantidade suficiente
de pessoas para valer o esforço.*

(Herm Albright)

A atitude é um fruto com várias sementes ou um dicionário com várias palavras; se o gesto não disser nada, as palavras dirão. E é dessa forma que a nossa vida vai tomando forma ao longo de toda a nossa jornada; e não espere que seja fácil o trajeto e nem perfeito o caminho. Atitudes positivas ativam novas decisões, e uma decisão bem planejada dificilmente regressa ao ponto de partida, uma vez que o passo à frente já tenha sido dado.

Somos seres em completa evolução e o tempo é o principal responsável por tudo o que acontece a nossa volta. O crescimento das unhas e dos cabelos, o envelhecimento da pele, tudo isso faz parte do curso natural da vida, portanto não estamos imunes a essas mudanças em nosso corpo. As roupas que nos serviam aos dezoito anos não servirão mais aos quarenta. E fica feio não incorporarmos novas atitudes aos velhos hábitos, que a esta altura já não nos cabem mais.

Na vida pessoal ou na vida profissional, a atitude faz toda a diferença. Desde aquelas pequenas inquietações que nos colocam em movimento o tempo todo até o gesto de ir até a sacada e abrir a janela. Qualquer coisa que estimule o senso de criatividade e de insatisfação permitirá a geração de energias que impulsionarão o corpo a tomar uma atitude. E movimentar-se é o segredo para não sermos enterrados vivos, entre frustrações, lamentações e fracassos.

Ninguém prudente toma uma atitude sem saber a consequência dela no futuro, por isso antes de tudo é necessário planejamento, foco e esforço; sem isso, tudo o que você começar estará fadado a não terminar e você terá de carregar o fardo de coisas incompletas para o resto da vida. Faz-se necessário ouvir certas verdades que nos afugentem das mentirinhas que contamos a nós mesmos para continuarmos onde estamos sem fazer qualquer esforço físico, como uma forma de autossabotagem, e sendo bem franco, dificilmente se ganha fácil uma batalha contra si mesmo, se o perdedor for mais forte que o vencedor e dentro de você moram os dois. O fracassado sabe onde o fraco se esconde, por isso fica mais fácil oprimir. E se o fraco recebe poucas visitas será natural que o fracassado o aterrorize tanto e ainda assim encontre espaço vago na mesa para tomar café nos finais de tarde.

Profissionalmente, a atitude ativa nossos talentos que já nos serviram de guia para um aprimoramento. Baseado neles, nossa criatividade se desenvolve, ajudando-nos a fazer aquilo que mais gostamos; e quando unimos remuneração àquilo que fazemos com prazer, o trabalho se torna uma brincadeira de crianças brincando de gente grande.

Desenvolver competência e qualificação técnica também faz parte de uma atitude positiva. Estar preparado para as oportunidades é antever os constantes desafios, e assim as chances não passarão por nós, sem estarmos devidamente preparados para elas.

Estar qualificado profissionalmente é o que irá diferenciar você de um profissional amador. O talento ajuda, a atitude ajuda, mas é a formação acadêmica que prepara para o mercado de trabalho, possibilitando ao indivíduo alcançar anseios e colocar em práticas seus planos. Buscar uma formação acadêmica é uma decisão que precisa ser tomada muito cedo, aliás é a primeira grande decisão que tomamos depois que as roupas de adolescentes começam a ficar apertadas e fora de moda. Aquela vontade de ser gente grande começa pela atitude de fazer diferente dos programas vespertinos a que assistimos. Saber escolher uma profissão é o principal segredo para o sucesso. Infelizmente, essa escolha acontece quando menos temos maturidade para decidir, mas muita força de vontade para tentar.

A atitude também exige prudência. O excesso de atitude sem prudência faz a pessoa acelerar o carro diante de um muro de concreto, e isso também não é bom. É necessário desenvolver a capacidade de autoanálise, autoconhecimento, autojulgamento e a autoabsolvição, do contrário a pessoa pode pôr tudo a perder. Saber refletir sobre as decisões e consequências também faz parte do sucesso. Optar por planos futuros factíveis e soluções infalíveis é um contrassenso que precisa ser regulado, senão poderá enfraquecer a coragem de continuar tentando. Cursar engenharia e planejar uma pós-graduação em medicina vai parecer um boicote à própria inteligência e ao curso natural das coisas. Por isso é tão importante saber aonde se quer chegar, para poder decidir por qual caminho seguir. Não se puna com metas inalcançáveis. Não só irá gastar energia, mas também tempo, e tempo é a única coisa para qual não há reposição.

Não é muito difícil confundir atitude com outros comportamentos, uma vez que a atitude está intimamente ligada à objetividade, determinação, iniciativa, pró-atividade, empreendedorismo e capacitação. O contrário disso é a inércia, a inatividade, desmotivação, preguiça e insegurança. Tomar atitude é não aceitar as condições facilmente e evitar adaptar-se às regras do jogo em que ser igual a todo mundo é não se colocar em risco perante as mudanças.

Resultados positivos são a soma de competências positivas
embasadas em planejamento sólido, coragem, persistência e fé.
(Cf. Van Marchetti – Consultora Empresarial da Attitude Plan
Consultoria e Treinamento)

Precisamos de aliados na árdua tarefa do dia a dia. Fazer amigos, conquistar pessoas, fortalecer alianças também fazem parte de uma atitude sadia, ainda mais diante de um redemoinho de concorrência. Toda ajuda é importante, assim como toda influência é necessária. Não se chega à frente sem pessoas, por isso na era em que estamos vivendo, a comunicação se tornou imprescindível. No passado tinha o poder quem retinha a informação e todo tipo de conhecimento. Hoje, o poder está com as pessoas porque o conhecimento passou a ser compartilhado, e ganha mais quem divide o que sabe, aprimorando o que já conhece e multiplicando os conceitos da colaboração efetiva e do trabalho coletivo, e não mais seguindo as regras do ultrapassado modus operandi, que definia uma maneira de agir, operar ou de executar uma atividade seguindo sempre os mesmos procedimentos.

A atitude define o que somos, como somos, como agimos, como pensamos, e determina como serão os nossos próximos passos. Alguém que não aprimora a capacidade de ter atitude acaba se tornando previsível e os previsíveis não surpreendem, não ousam, não inovam.

O escritor Justin Herald, em seu livro *Atitude*, disse que: "Obstáculo é aquilo que você enxerga quando tira os olhos de seu objetivo". E eu acredito nisso. Cada vez que damos chance da dúvida aproximar-se, alguma coisa de inesperado acontece. Se for boa ou ruim será sua atitude que definirá. A atitude de decidir e de enfrentar o que vier pela frente é que conta como positivo.

A pessoa que fica esperando que os astros definam o que será de sua vida, já se perdeu. Tudo nesta vida beira o risco. Nascer, viver, planejar, sonhar, frustrar, adoecer e morrer. Não há atitude que não tenha consequências, no entanto são dessas consequências que tiramos os melhores exemplos, as melhores experiências, os grandes ensinamentos. E isso ajuda a formar nosso instinto de sobrevivência e de convivência, uma vez que errar é até saudável, mas insistir na falha é pura falta de criatividade e bom senso.

> *Diante de Deus, somos todos igualmente sábios, igualmente tolos.* (Albert Einstein)

Tanto para os que choram por qualquer motivo, quanto para os que se questionam sobre várias coisas, ter atitude significa ter coragem para continuar tentando.

Ter atitude é como ser um caçador que, mesmo saindo em busca da caça, não se esquece do rebanho que ficou desprotegido. É difícil julgar as razões do covarde, uma vez que ele próprio defende a falta de bravura pelos erros que esconde, assim como não é fácil colocar na ponta do lápis a ousadia dos corajosos que tanto se atrevem por um sonho. Tudo depende do ponto de vista e o que se espera fazer quando a oportunidade chegar.

> *Às vezes amaldiçoamos os nossos limites, mas sem eles o desafio não seria possível. Eles nos proporcionam algo com o que trabalhar e contra o que trabalhar.* (Stephen Nachmanovitch, no livro Ser Criativo)

Até para dar ou receber conselhos se faz necessária a atitude. Atitude para avaliar se a outra pessoa fará o que você está sugerindo ou também avaliar se quem está dando o conselho é capaz de fazer o mesmo que está aconselhando.

Não há outra maneira de vencer, a não ser se expondo à perda, assim como é impossível não admitir que a alegria não esteja para a tristeza, a saúde para a doença; no entanto, a única garantia que podemos ter é saber que quanto mais cicatrizes carregamos no corpo, mais aumenta a certeza de que um simples resfriado não nos abaterá facilmente. É assim que crescemos, quando começarmos a ver o mundo que está a nossa volta. Não é possível viver alheio a tudo que acontece a nossa volta sem reagir, sem esboçar pelo menos a indignação por uma condição imposta. Ou você toma uma atitude agora ou até para se arrepender não haverá tempo.

Há quatro fatores que determinam o sucesso na vida de qualquer profissional. Integridade para conquistar com honestidade a confiança das pessoas. Persuasão para impor as ideias sem deixar de ouvir as ideias dos outros. Simplicidade para tomar decisões e, finalmente, atitude para encontrar uma fé que funcione, porque sem fé fica difícil perceber as boas oportunidades.

Cem anos, por que não?

Acho essa coisa de idade fascinante: num dia nos preocupamos em acordar cedo para brincar com a bola nova que ganhamos de presente de aniversário, e no outro, dormimos cedo para não perder a hora e chegar atrasado no trabalho. O tempo é capaz de passar tão depressa depois de alguns anos que nem percebemos que o sorvete derreteu em cima do sapato. Acho que tem a ver com o modo como lidamos com a vida. Há pessoas que consideram a vida uma ladeira abaixo a partir da primeira ruga que surge, ou do primeiro fio de cabelo que cai sobre a mesa do escritório, então viver é de certa forma uma desgraceira que acaba na morte. É como se a vida se tornasse uma doença crônica da qual ninguém escapa. E quem é que não se amargura com um pensamento desses? Não acho que vivemos num mundo onde os seres humanos possuem prazo de validade. Acho que a qualquer momento cada um pode viver os melhores anos de sua vida, dos quais jamais irá se arrepender ou esquecer, por isso cada idade é interessante e importante.Uma etapa necessária a ser cumprida. Nossos melhores erros só aconteceram porque nós não sabíamos como evitá-los, por isso marcaram tanto a nossa existência, entretanto superá-los também vem com a idade, como antídoto que a gente compra junto com o veneno.

O envelhecer traz junto a solução de tantos problemas que na juventude imaginamos ter, que até nos esquecemos o porquê de fazermos de certos problemas um carma eterno. Fazer aniversário é contabilizar antes de tudo os anos passados e todas as pessoas que já conhecemos e estão presentes em nossa vida, comemorando essa nova fase conosco. Ninguém passa de um ano para o outro sem ter aprendido alguma coisa nova, sem ter conhecido uma pessoa nova, sem ter se tornado uma nova pessoa. À medida que o tempo passa, passam também as velhas crenças de querer mudar o mundo a nossa maneira. Aprendemos a ser mais tolerantes, porque percebemos que isso tudo não vai passar desta vida e que lamentar o tempo todo não torna verdade velhas mentiras. Ninguém neste mundo está imune aos anos que a vida lhe reserva, da mesma forma que não há uma contabilização correta do que vai ou não acontecer. Somos o resultado de escolhas que fizemos no passado, da faculdade que escolhemos, das alternativas que buscamos e de todos os absurdos que cometemos todos os dias. Ou você ainda acha que não comete mais absurdos? Francamente, imaginar que chegando a certa idade, os enganos serão minimizados com o tempo, feitos biscoitos sem fermento na assadeira, está muito enganado. Anos novos, etapas novas, falhas novas. Não se esqueça meu amigo, somos seres humanos. Em nosso DNA, há células remanescentes de nossos pais. Se eles envelheceram, nós também envelheceremos. Só depende de nós saber se envelheceremos mais ou menos felizes do que eles.

Envelhecer nos dias de hoje é bem mais saudável do que nos anos passados. Aos 70 anos, muitas pessoas estão aproveitando para conhecer o mundo, que deixaram de conhecer quando eram mais novas e tinham todas as condições necessárias para uma nova aventura. Há pessoas fazendo projetos, indo ao teatro, ao cinema, ao restaurantes, ainda que seja na esquina. Há pessoas namorando ou até mesmo casando de novo, ou dando risadas à toa com os netos, enfim, há pessoas aprendendo a ver a vida de uma maneira que nunca havia visto. Há pessoas fazendo uma nova universidade, aprendendo a ler, a escrever, a cantarolar nos karaokês da vida, ou até mesmo tomando sorvete na calçada, batendo papo com algum novo amigo.

A melhor idade é aquela em que descobrimos o que ainda podemos fazer por nós mesmos, ainda que seja para sermos surpreendidos com o comentário de nossos netos, dizendo que somos a pessoa mais engraçada que eles já conheceram. Ninguém pode arrancar de nós todas as memórias do que já vivemos e, à medida que os anos passam, as lembranças nos servem de consolo para as ausências com as quais teremos de aprender a conviver, principalmente das pessoas que mais amamos. Por isso assoprar as velinhas cercados de amigos é mais vantajoso do que fazer um pedido, em que somos nós quem acionamos as realizações deles com os passos dados corretamente. Acho que até para soprar as velinhas de aniversário é preciso sabedoria, para aprendermos a desejar as coisas certas. Se vamos nos tornar os velhinhos mais engraçados que nossos netos já conheceram, não sei, mas seria muito interessante que não fossemos uns velhos chatos e amargurados, que se queixam o tempo todo, reclamam e cobram das pessoas o que elas deveriam fazer voluntariamente. Os anos passam e a cada dia voltamos para o começo de nossa existência, quando dependíamos sempre de alguém para alguma coisa. A diferença é que chorar não vai apressar o leite e ninguém vai nos colocar no colo e nos fará dormir, como uma mãe que embala e admira o filho. Nessas horas, a vontade de ficar no passado é mais forte do que enfrentar um futuro cercado de gente nova, que nasceu bem depois de nós.

Por que deveríamos endurecer nossos músculos da face com o passar dos anos, se a flacidez da idade torna tudo mais suave, e num tempo que só o tempo entende? O que ganharemos em nos tornarmos mais queixosos, intolerantes, espantalhos dos afetos e das alegrias que ainda estão por vir? A juventude vai passando e Deus parece que vai se aproximando de nós, como o criador se aproxima da criatura, e nos diz ao ouvido: "Agora sim, você chegou à forma que eu pretendia para você". Nossos compromissos, nosso trabalho, nossas urgências nos fazem perder tanto tempo com coisas inúteis que só deixamos para ser "melhores" por último. É como participar de uma festa em que só aproveitamos no final, quando todos carregam os sapatos nas mãos, ao som da canção que mais aguardam, ao lado das pessoas que mais gostariam que estivessem ali com eles. Esta vida, meu amigo, reserva-nos momentos que nos fazem chorar involuntariamente, quando percebemos que o único e derradeiro desejo que temos quando chegamos ao final de uma etapa é o de querer uma última e derradeira chance de tentarmos ser bem mais felizes do que antes.

Todos temos direito a uma segunda chance, por isso acordamos todos os dias com novas oportunidades de fazermos tudo diferente. Chorar, cantar, sorrir e até amar novamente. Cada ano é muito importante, se pensarmos na soma de tudo o que aprendemos todos os dias. Encarar uma nova paixão depois de ter envelhecido pode nos fazer perguntar como é que conseguimos viver uma vida inteira sem ela e não ter morrido antes pela falta dessa paixão. Por outro lado, podemos amar a mesma pessoa depois de tantos anos e também descobrir que jamais poderíamos viver longe dela.

Temos de nos desapegar dos antigos sentimentos que nos envelhecem antes do tempo. Isso pode acontecer de forma simples, como, por exemplo, por meio de um telefonema para um amigo que não vemos há anos; uma reconciliação com o pai ou um membro da família que não nos compreendeu em algum momento, ou até mesmo por meio de um simples vaso de flores que colocamos sobre a mesa para complementar a beleza de um móvel antigo.

Envelhecer, meu amigo, tem lá suas vantagens. Aprendemos a chorar pelas coisas que realmente nos fazem falta e não pelas coisas que não sabemos como seriam no futuro. Ter vinte anos nos dias de hoje, sem as percepções dos quarenta de amanhã, nos dá a sensação de viajarmos a duzentos quilômetros por hora, sem perceber sequer um segundo da paisagem que passa através da janela.

Hoje, sei que cumpri mais uma etapa da minha vida; uma entre tantas outras que terei pela frente, e juro que não vou sossegar até que o ciclo da minha existência complete cem anos, com uma alma que sempre terá vinte e poucos anos, apesar de parecer um pouco mais.

Cem anos, por que não?

Administrando conflitos

*Um ancião índio norte-americano, certa vez, descreveu seus conflitos
internos da seguinte maneira: "Dentro de mim há dois cachorros.
Um deles é cruel e mau. O outro é muito bom,
e eles estão sempre brigando".
Quando lhe perguntaram qual cachorro ganhava a briga,
o ancião parou, refletiu e respondeu:
"Aquele que eu alimento mais frequentemente".*
(Paulo Coelho)

Pode até ser que os homens não entendam porque estão brigando, mas há quase sempre alguma razão que gera um conflito, embora nem sempre o conflito faça sentido em nossas decisões.

Seria muito bom se pudéssemos evitar os conflitos; assim estaríamos colocando fim aos aborrecimentos e a todas as outras coisas que tiram nossa paz. Mas, como tudo que existe nesta vida tem um propósito, os conflitos também acabam sendo importantes para nosso crescimento, aprendizado e conhecimento, tornando-se indispensáveis, ainda que nos causem alguns arranhões.

Os conflitos partem, a princípio, da falta de entendimento. Basta que uma ou mais pessoas entendam algo de uma maneira diferente do que foi feito, pensado ou dito, para o conflito instalar-se. Da mesma forma que um problema pode ser criado, ele também pode ser evitado, contanto que ambas as partes entendam que determinado assunto pode ser revisto, desculpado ou até mesmo perdoado, podendo ser retomado do ponto inicial, onde a divergência pode ter iniciado.

Na posição de gestor que se propõe a gerenciar pessoas, o desafio principal, entre tantos outros, é a administração de conflitos no meio de tantas cabeças pensantes, quando todas trabalham pelo mesmo propósito, mas com objetivos e meios diferentes. Não é algo muito fácil, ainda mais ocupando uma posição na qual não se deve tomar partido. Por isso é importante tomar uma atitude antes que a posição de líder seja colocada à prova. Conflitos normalmente não são algo que se possa evitar, no entanto é preciso impor limites, antes que o ambiente de trabalho se torne insuportável e difícil.

No trabalho intelectual, bem mais do que na área produtiva, administrar os conflitos é muito mais perigoso, porque lida-se com pessoas mais bem articuladas, movidas de sentimentos de competitividade e fazendo uso de ferramentas nem sempre éticas e tangíveis, como a influência, persuasão, interesses e alianças, coisas que só são percebidas quando se está do lado de fora de uma situação.

O interesse em prejudicar o outro diante de uma suposta ameaça ou na busca desenfreada por ocupar um cargo, pela importância que se dá à hierarquia, é comum em um ambiente de trabalho em equipe, mas nem sempre isso é compreendido por todos. Ainda mais quando se trabalha em uma posição em que a vaidade é a mola principal dos resultados e não propriamente a competência.

Gatos são gatos e pessoas são pessoas. É compreensível que gatos briguem, seja lá por quais motivos forem, eles são animais, mas entre pessoas, às vezes, é impossível compreender porque brigam.

Os instintos são diferentes e divergentes e mesmo que o conflito não seja tão aparente, não significa que no silêncio não haja uma gota de veneno eliminando sutilmente algum concorrente.

Divergências de opiniões, interesses contraditórios, expectativas irreais e inalcançáveis, erros de comunicação, intolerância e comportamentos discriminatórios são parte dos conflitos existentes dentro das organizações. Muitas vezes, nenhuma dessas situações faz sentido, mas saber tomar uma decisão, sem se envolver afetivamente com os membros da equipe, não torna a administração de conflitos algo consultável nos livros de autoajuda e nem nos murais dos cursos de relações interpessoais.

É necessário muito interesse em aperfeiçoar o bom senso na hora de administrar pessoas, uma vez que cada uma possui valores que podem agregar ou divergir dos valores da organização, e é o gerente que precisa impor sua autoridade, antes que o ambiente tenso desestruture toda a sua equipe.

Nunca, no campo dos conflitos humanos, tantos deveram tanto a tão poucos. (Winston Churchill)

Dialogar é um dos princípios básicos que o gestor deverá usar constantemente com os membros de sua equipe, individualmente e em grupo, para poder conhecer os conflitos e compreender quais alternativas deverão ser adotadas. O colaborador precisa sentir que pode ser compreendido, que seus sentimentos e suas razões estão sendo levados em consideração. Desse modo o gestor poderá aproveitar a preocupação do colaborador em solucionar o próprio problema para fazê-lo pensar em todas as ações que geraram os conflitos, e que bater de frente nessa situação nem sempre é o melhor caminho.

Os conflitos podem ser positivos quando provocam nos membros da equipe a necessidade de estabelecer o fortalecimento das relações interpessoais, maior integração com a equipe de trabalho, o estabelecimento de regras cabíveis e de confiança, comprometimento dos envolvidos na busca de soluções que sejam de interesse de todos, motivação para aperfeiçoar a persuasão e aprimorar o desempenho pessoal e em grupo.

Nada mais efetivo na administração de conflitos do que estimular seus integrantes a expressarem fatos sobre o que os incomoda, suspendendo seu julgamento e falando a partir de si, de suas emoções. Com isso, conseguimos nos conectar ao outro de uma forma mais verdadeira e transparente, que ajuda a fazer com que sejamos verdadeiramente compreendidos em nossas necessidades. (Káritas de Toledo Ribas, administradora de empresas, especialista em Medicina Comportamental e Psicofisiologia Aplicada, da Appana Mind Desenvolvimento Humano e Psicologia Aplicada)

Num conflito de raízes onde não se veem as pontas, fica difícil para quem está de fora compreender quem tem razão. Por isso é tão importante deixar claro o que está sendo defendido e em qual situação a providência será tomada para que, nessa briga de foice, o tronco não acabe sendo cortado.

Os conflitos também podem surgir de um mau gerenciamento quando um líder não coloca claramente para a equipe sob quais circunstâncias as metas deverão ser atingidas; desse modo, os resultados podem até ser surpreendentes, mas as consequências poderão ser desastrosas e dolorosas. Em nenhum momento a rivalidade deverá ser incentivada, tampouco qualquer atitude que fira a ética e o bom relacionamento entre os membros da equipe e de outros departamentos.

Os atritos aumentam à medida que aumenta a quantidade de pessoas envolvidas no processo e a quantidade de mãos das quais dependem os resultados. É uma grandeza inversamente proporcional, mas que acontece corriqueiramente. A busca incessante pela razão, o medo, a cobiça, a ansiedade, a preguiça, os maus hábitos, as frustrações e as instabilidades, por conta de mudanças, proporcionam no ambiente de trabalho um choque de interesses individuais, grupais e, muitas vezes, organizacionais, causando perdas inimagináveis, recursos mal aplicados e resultados negativos com impactos irrecuperáveis.

Nesse contexto, manter a sensatez muito bem calibrada é muito importante, para não perdê-la facilmente, além de manter sempre muita paciência armazenada. Num ambiente de conflitos, onde as pessoas se sentem no direito de dizer o que pensam, julgando os atos dos outros, sem que eles sejam ouvidos, a paciência sem atitude não gera efeito imediato. Faz-se necessário ter pulso forte para se colocar à frente e chamar atenção das pessoas para o problema, e admitir que há falta de diálogo, antes que isso contamine o resto da equipe, da empresa e dê uma péssima referência sobre a liderança que o gestor precisa ter.

Não basta apenas coibir atitudes que geram divergências, mas é preciso ajudar a equipe envolvida na solução de seus problemas, sem manter acumulados ressentimentos que só irão fazer eclodir mais problemas no futuro. Por isso é tão importante respeitar o direito de cada um de dizer o que sente, mas desde que seja sem ofensas e sem a intenção de ferir o outro, pessoalmente, principalmente porque ambas as pessoas estão tentando defender o lado profissional em questão. Portanto, será que um bom profissional, para defender seus ideais, necessariamente precisa tomar atitudes grosseiras, sem analisar todas as consequências que seus atos trarão?

Vale lembrar que em um ambiente corporativo até as maçanetas têm ouvidos e que nem sempre as portas trancadas guardam segredos. As pessoas têm uma dificuldade imensa de guardar segredos. Parece que há um impulso incontrolável de sair contando tudo aos pares com os quais possuem afinidade, com a recomendação de que não contem a mais ninguém. E esses seguem repetindo o mesmo gesto e a mesma frase. Em um ambiente assim quase nada se sustenta impunemente e ninguém é amigo de alguém, se não for por interesse.

No entanto, não é somente a influência, tida como moeda corrente das relações corporativas, que interessa no todo, mas também o conhecimento e as chances, por mais remotas, de obter vantagens. Tudo isso acaba fomentando traições, vinganças, falsidade, desonestidade, apropriação de ideias, complôs armados e o desgaste físico e emocional. Nesse caso, a rivalidade chega a ser desumana, causando depressão, perda da autoestima, desinteresse, transtornos emocionais e uma amargura sem fim.

Os conflitos negativos acabam influenciando os comportamentos indesejáveis, associados à agressividade e aos sentimentos de amargura e ódio, que prejudicam a saúde de quem os sente, e, consequentemente, coloca em dúvida a confiança entre as pessoas. Se você perceber essa situação em sua equipe, procure encontrar a causa e a fonte, e extermine esses comportamentos de imediato, antes que venham corroer os alicerces da empresa. É a atitude de compartilhar ideias e objetivos em comum que mantém o foco da equipe nos resultados, que farão todos chegarem o mais perto possível dos objetivos almejados.

Um erro muito comum nas organizações, que também gera conflitos, é tratar talentos diferentes de modo igual. Isso ocasiona perda de talentos que poderiam ser perfeitamente aproveitados e altamente produtivos, se cultivados em ambientes que fomentem o crescimento individual.

Dentro de cada setor é possível identificar pessoas a quem se pode recorrer, caso algum tipo de desafio seja apresentado. Se elas tiverem a oportunidade de receberem ordens diferentes, certamente, trabalharão pelos mesmos resultados sem nunca terem entrado em conflito. Saber valorizar as pessoas no momento certo é uma boa tática para se manter uma equipe motivada, feliz e disposta a enfrentar desafios, num ambiente onde um defende o outro e todos se somam em busca de objetivos comuns.

O que não pode acontecer é deixar pessoas talentosas perderem o foco pelo qual estão trabalhando, com objetivos iguais e resultados diferenciados; caso contrário cada um vai brigar pelo mesmo espaço e isso pode acabar terminando em briga e desavenças mútuas. Quem perde com isso é a empresa. É necessário, em todas as ocasiões, saber converter ansiedades em oportunidades. Pessoas sem metas acabam ficando propensas a fofocas e a conversas que não agregam nada, e que podem levar a desentendimentos e brigas desnecessárias.

A reação de quem se sente atingido é de se autopreservar e se autoproteger, a fim de manter a própria imagem ou até mesmo a condição na qual se encontra. A única motivação que o atacado encontra é a de se preparar para também atacar, e nem sempre isso resulta no melhor caminho.

Conflitos sempre irão acontecer, não importa o motivo, mas quase sempre se pode convertê-los em ideias produtivas. Os pontos de vistas diferentes podem provocar interesses que atraiam outras iniciativas e valores que agreguem positivamente. Nada é assim tão negativo, se conseguimos substituir o impulso por inteligência e fazermos com que as pessoas troquem a opressão entre si pelo apoio entre todos. Não adianta ficar procurando culpados, quando cada um tem sua parcela de culpa. O que se deve buscar é o entendimento, a parceria, o incentivo para trabalhar em paz, ainda que no mesmo ambiente haja ideias tão diferentes entre si.

É completamente errado pensar que as pessoas sejam avessas à paz ou que todas as pessoas devam se amar incondicionalmente. Seríamos alienados se esperássemos isso de todo mundo. Felizmente, somos pessoas de origens diferentes, com ideias diferentes, valores diferentes, mas todos devemos estar imbuídos de bons sentimentos como seres humanos que somos. Somos seres complexos, mas podemos nos simplificar quando imbuídos de inteligência e bom senso. Crescemos com os conflitos, com as divergências, com as discordâncias, com as dissonâncias e com todo tipo de força contrária àquela que queríamos fossem sempre favorável. Lutamos contra o tempo, contra o governo, em favor de nossos ideais e de nosso instinto. A cada momento, estamos tentando encontrar uma saída justa para os conflitos internos que temos e o máximo que conseguimos é uma forma de amenizar as perdas, já que são inevitáveis. Não podemos ganhar tudo, mas podemos levar tudo, se conseguirmos aliar pessoas aos resultados, demonstrando o que cada um pode ganhar se todos trabalharem juntos, ainda que por caminhos diferentes.

Há um jeito certo de buscar as coisas certas, basta entendermos que todos devemos remar juntos e sempre na mesma direção. O verdadeiro líder consegue antever os resultados, muito antes que alguém coloque a cabeça acima do mastro e lhe diga: "Terra à vista!"

Administrar os conflitos nunca foi fácil e, enquanto houver humanidade, sempre haverá a mesma confusão dos primórdios tempos, em que a criatura se rebelou contra o Criador. Desde o início dos tempos, o homem já apresentava seu instinto de seguir um caminho bem diferente do que Deus havia traçado. Tentar explicar para alguém o caminho que deve seguir, sem lhe mostrar o lugar aonde deve chegar, é o mesmo que tentar explicar para alguém que nunca viu um abacaxi que sabor esta fruta tem.

Administrar conflitos é saber proporcionar a cada membro da equipe a possibilidade de ser um participante direto no sucesso final a ser atingido. É dar oportunidade para que cada um possa dispor de seus talentos para atingir o objetivo da empresa. Com isso, os colaboradores se sentirão úteis e valorizados pela chance que tiveram de ajudar a alcançar os resultados, seja em benefício próprio, ou, mais especialmente, porque colaborou com o sucesso do grupo todo.

Valorização. É isso que as pessoas buscam e será por isso que brigarão pelo resto de suas vidas. O gestor que conseguir livrar-se da vaidade e manter sua equipe valorizada, estará criando uma legião de guerreiros que lutarão pela mesma causa, olhando-se nos olhos sem mágoas, não conflitando entre si, mas se respeitando, passando por cima das diferenças, e vendo-se iguais, porque o objetivo a ser alcançado é o mesmo e único para todos.

A vida corporativa
e as mudanças

As mudanças nunca ocorrem sem inconvenientes,
até mesmo do pior para o melhor.
(Richard Hooker)

Mudança! Uma terrível palavra, com poder tão grande de assustar pessoas. De assustar e de revolucionar. Sinônimo de progresso e desespero.

Quando eu era criança, e vivia com meus pais, mudar de casa, de cidade, de país, como aconteceu tantas vezes, era sempre visto por mim como uma aventura, porque podíamos mudar também de hábitos, de costumes, de amigos e também de escola. Uma nova vida a cada nova chance de mudança. Mas, ao longo dos anos, essas mudanças passaram a representar uma dolorosa e constante despedida. Despedida principalmente da rotina. Antes não fazíamos parte das escolhas, por esse motivo, mudar parecia uma grande aventura. Mas, com o passar do tempo, mudar tornou-se um peso, uma necessidade de recomeço e de reinventar modos e disciplinas. O jeito foi procurar sentido na desordem das coisas para não nos perdermos nela.

A partir dessas várias mudanças, restou-nos o entendimento para absorver todas as demais que vieram pela frente e que inevitavelmente fizeram parte de tudo o que foi construído. Mudar não significa trocar apenas a disposição dos móveis de uma casa; significa que algo velho terá de ceder lugar a algo novo; o conhecido dará espaço para a novidade, e a rotina cederá lugar para novos hábitos. Estamos em constante evolução, desde nosso nascimento até a velhice, e embora isso seja uma realidade, não nos acostumamos facilmente.

Toda mudança vem acompanhada de instabilidade, de insegurança, e toda insegurança acarreta uma infinidade de medos. Por esse motivo, algumas pessoas são mais resistentes que outras na hora de tomar uma decisão que altere a ordem das coisas e que provoque algum tipo de alteração na harmonia existente. Quando alguém resolve mudar de emprego, por exemplo, em busca de algo melhor, o medo e a necessidade de se arriscar são grandes, mas inevitáveis. Se imaginarmos que toda mudança representa mais sacrifícios do que benefícios, estaremos indo contra a ordem de tudo e colocando dificuldades onde caberia adaptação.

Uma mudança organizacional implica alteração na posição de mercado, na função social, nas práticas adotadas, levando em consideração os níveis de autoridade, de responsabilidade e até o direcionamento estratégico. E, para que dê certo, faz-se necessária uma organização de todos os processos, da liderança, da confiança e principalmente do tempo.

No campo profissional, qualquer mudança deve ser vista como sinônimo de desenvolvimento e de progresso. Ninguém neste mundo está imune a ter de enfrentar mudanças, uma vez que o objetivo das mesmas é sempre melhorar a eficácia do que já existe, mantendo os procedimentos que deram certo ou alterando os que precisam ser modificados, por meio de uma atitude inovadora e do comprometimento das pessoas envolvidas nesse processo.

Qualquer mudança causa desconforto e medo. Em compensação, o que você tem feito para minimizar esse temor? Ou melhor, o que você não tem feito? O sucesso profissional resulta de um constante aprendizado e de um aperfeiçoamento contínuo. Quem não acompanha as necessidades do mercado, com toda a certeza, não estará preparado quando a necessidade bater à porta. Não basta somente conhecer o que faz, é importante também avaliar as possibilidades estratégicas de atuar em áreas diferentes, de ampliar o networking, de trocar experiências e de apresentar a disposição de não resistir, compreendendo as necessidades do grupo e não apenas a sua individualmente.

Nosso desenvolvimento é um processo que se inicia desde o nosso nascimento. Para que uma mudança seja realizada sem traumas, é necessário avaliar os recursos que as empresas possuem, os setores desenvolvidos e planejados, a qualidade de gestão, a visão econômica, social, tecnológica, legal e ambiental. Se a mudança é apenas pessoal, é preciso avaliar a concorrência. Volte-se para o mercado agora e me diga, para cada vaga ofertada, quantos candidatos estão concorrendo? Se estiver capacitado para a vaga oferecida, não fique temeroso e encare de frente, de cabeça erguida, confiante em si mesmo.

Toda mudança é produtiva dependendo do ponto de vista. Pode gerar dores, fazendo com que você se sinta como a criança que acabou de nascer, completamente indefesa, chegando a um mundo estranho. Em compensação, ela terá a vida inteira para se acostumar a esse mundo, se quiser viver. O inevitável é aquilo que mais cedo ou mais tarde acontece e ninguém pode fazer nada. Portanto, se sabemos que toda mudança gera resultados, que todo resultado impulsiona para o desenvolvimento, e todo desenvolvimento se transforma em benefício a curto, médio ou longo prazo, por que o medo de mudar?

As necessidades de mudança ficam claras quando os resultados não surtem mais efeitos e as vantagens começam a ficar comprometidas, ou seja, quando ocorre a diminuição das vendas, o aumento de custos, a redução da margem de lucro e principalmente a deficiência de gestão. Isso provoca insatisfação de fornecedores, colaboradores, dos clientes de modo geral.

O medo das mudanças representa a perda de estabilidade, a adaptação a uma nova rotina, a interação com uma nova equipe, o acompanhamento de novos processos. O medo prejudica a oportunidade de mudar hábitos e de aprender coisas novas.

Avaliando o que foi dito, onde está a desvantagem? Mudar para continuar vivo, mantendo as expectativas de concorrência, emprego, salário e benefícios, ou passar o resto da vida lamentando porque saiu da janelinha localizada em uma zona de conforto?

> *A mudança é a lei da vida. E aqueles que apenas olham para o passado ou para o presente irão com certeza perder o futuro.* (John F. Kennedy)

Quem tem medo de mudar, por receio do que possa vir pela frente, valoriza os maus hábitos, as repetições desnecessárias e a acomodação corrompida, e afasta a possibilidade da busca por soluções imediatas, do compartilhamento de ideias e da resolução de problemas. Cada vez mais, as empresas estão reduzindo os gastos e amenizando os custos para poderem se manter na liderança ou em condições competitivas, ainda que tenham de sacrificar milhares de empregos. E dentro do quadro, cada vez mais reduzido de colaboradores, apenas os que possuem diferencial conseguem se manter no emprego ou pelo menos resistir aos cortes.

As pessoas que amam o que fazem geralmente têm mais facilidade para se adaptarem às novas metodologias, proporcionando a elas mesmas a oportunidade de verem sentido em tudo o que está acontecendo, sem ficarem esperando que a solução caia do céu. Chegam a perder horas de sono com planejamentos e passam a investir seu tempo naquilo que dará resultado. Se você é do tipo que se satisfaz com o que já está conquistado, dificilmente encontrará coragem para enfrentar as mudanças. Nesse caso, é melhor aumentar a fé em Deus, porque você vai precisar dele.

Mudamos de opinião, de corte de cabelo, de cor de camisa, ou seja, vivemos em constante mudança. Nesse sentido, passar vinte anos dentro de uma empresa, na velocidade que o mundo anda hoje, é dar margem para ser visto como um profissional ultrapassado, acomodado, sem amplitude e sem plano de carreira estabelecido. Por isso, estar aberto às mudanças é uma condição para superar os possíveis traumas que podem surgir.

Confúcio escreveu uma frase que dizia assim:

> *O homem que não medita e não planeja com antecedência sua vida, ao sair à porta já estará em dificuldade.*

A falta de tempestade não significa que o mar esteja tranquilo. Chega uma hora que precisamos tomar uma decisão ou as circunstâncias tomam por nós. É preciso ficar atento ao fato de planejar tudo com cuidado, levando em consideração as avaliações de impacto, evitando que imprevistos aconteçam, do contrário, decisões erradas, tomadas por impulso, podem mudar drasticamente a vida, e uma mudança inesperada é sempre mais dolorosa.

Numa posição de chefia, é importante saber avaliar os impactos de uma mudança e o quanto isso irá afetar no desempenho das pessoas, nos valores de cada um, no nível de confiança, na agilidade de inovação, e nos conflitos que seguramente acontecerão, evitando que o estresse e a ansiedade entre seus colaboradores afetem o desempenho e os níveis de produtividade. Colaboradores desinformados elevam as estatísticas de enganos e de informações contraditórias, dificultando o relacionamento com os que estão dispostos a mudar.

Quantas pessoas se casam achando que terão harmonia e paz, mas depois se dão conta que estão infelizes. Isso também acontece quando tomamos decisões sem as devidas preocupações e planejamento, antecipando os fatos, tornando assim tudo mais difícil, e fazendo com que os problemas fiquem ainda mais profundos e intransferíveis. Uma decisão mal planejada acaba comprometendo um futuro melhor. Avaliemos nossas decisões sempre com a mente aberta. Ter a mente aberta é saber que podemos errar, mas é possível recomeçar.

Muitas vezes, mudar é a melhor solução e também a melhor alternativa. Embora poucas pessoas adaptem-se facilmente a alterações, há problemas que precisam de soluções imediatas. É importante analisar as alternativas e ver as vantagens escondidas atrás do muro de problemas que só nós percebemos, permitindo-nos, dessa maneira, aproveitar as novas chances, os outros meios e os outros pontos de vista.

Se for preciso pisar na lama, calcemos as botas, mas não desistamos. Podemos inovar com atitude sustentável e eficiência operacional. Criemos novos resultados, novos atalhos e nunca meios de resistência. Façamos novos amigos, entremos com novos desafios, rasguemos projetos mal planejados e tracemos melhor nosso futuro. Não avaliemos nossos problemas pelos problemas dos outros. Cada um tem uma necessidade e uma ambição diferente. Sejamos sábios até no erro, fazendo dele um trampolim, um aprendizado para novas conquistas.

O mundo detesta mudanças, no entanto,
é a única coisa que traz progresso. (Charles F. Kettering)

Cabelo branco nem sempre é sinônimo de sabedoria. Até os frustrados envelhecem e o que mais existe por aí são pessoas que não acreditam mais em si mesmas. Pessoas que facilmente têm acesso ao acelerador, mas se recusam a pisar no freio.

É impossível haver progresso sem mudanças, e quem não
consegue mudar a si mesmo não muda coisa alguma.
(George Bernard Shaw)

Resistência às mudanças é um dos principais obstáculos que as empresas enfrentam na hora de uma tomada de atitude. Essa resistência pode acontecer por causa de interesses pessoais, que não devem ser levados em conta, quando o assunto se refere ao coletivo. Ou por causa de aspectos psicológicos, em que o medo de mudar se assemelha ao medo de compreender os novos passos e procedimentos. A resistência pode ocorrer também por uma questão sociológica, uma vez que as famosas "panelinhas" são desarmadas, e os "grupinhos" ficam separados e desestruturados, gerando certo desconforto na equipe.

No entanto, toda mudança embora sempre acompanhada de resistência, é sadia, benéfica e positiva, desde que seja estipulado um período transitório de adaptação, para que as pessoas absorvam a nova cultura organizacional e os desafios que virão pela frente.

Vivemos a cada dia com nosso quintal beirando outro continente. É praticamente impossível não ser atingido pelas mudanças que acontecem, mesmo que sejam lá na China. Assim é o mundo globalizado. Imagine em uma empresa, quando um item é modificado, todos acabam sendo afetados. Nesse caso, é melhor se adaptar às mudanças.Mas é importante que as mudanças sejam feitas democraticamente, para o bem de toda a empresa. Portanto, para haver mudança é necessária a colaboração de todos, e também que cada colaborador não se sinta forçado, nem ameaçado a mudar.

Estamos em uma época em que só as mudanças importam. São elas que iluminam o caminho para onde o mundo seguirá. Mudar significa que ainda temos alternativas, basta trabalharmos em conjunto com as pessoas que fazem acontecer para buscarmos o melhor.

Nesse sendido, se somos importantes para o futuro da empresa, nada mais prudente que fecharmos as portas do passado e deixarmos para trás tudo aquilo que não nos servirá mais, olhando o caminho com novas perspectivas, novas atitudes e novas esperanças.

Daqui a dez anos

O que acontecerá daqui a dez anos? Como estaremos até lá? Será que estaremos melhores do que estamos hoje ou o agora é o melhor momento para aproveitarmos? Não é possível saber. Basta o tempo passar um segundo que tudo muda repentinamente. O agora passa a ser o depois e o depois passa a ser o agora e nada mais continua sendo como era antes. Viver é uma incógnita que parece nos pôr em cheque todos os dias. Há sempre, a cada instante, uma escolha a fazer, uma decisão a tomar. Qualquer uma das alternativas a ser escolhida nos levará a um tipo de caminho diferente. Mas o mais importante é não pararmos no meio do caminho, e sim assumir uma direção, aquela direção que julgamos no momento ser a mais acertada.

A melhor maneira de nos adaptarmos ao tempo que passa, uma vez que não sabemos como será o segundo seguinte, é aproveitar o que hoje se nos apresenta, seja bom ou ruim, alegre ou triste, cômico ou enfadonho. Pode ser que seja um momento único, não sabemos. Não temos como saber em que volta estamos na montanha russa, em que momento da nossa vida irão servir a pipoca e o refrigerante numa plateia inteirinha de torcida a nosso favor. Vivemos sem saber que momento deve ser fotografado, "bibliografado" e vivenciado para sempre. Não temos como saber se as pessoas que amamos hoje estarão conosco na manhã seguinte, se as chances que temos serão as mesmas em dois anos, se tudo aquilo que sonhamos um dia nos satisfará realmente no período que durar. Em qual hora o ponteiro do relógio deve parar, qual a ocasião certa para dar aquele passo à frente e quais as decisões serão as mais sensatas? Os momentos felizes terão valido cada centavo investido. E a TV com garantia para duas copas do mundo vai chegar pelo menos no primeiro semestre do ano?

A vida dá mil voltas ao redor do mundo e, a cada volta, mudamos paulatinamente nossos pensamentos, nossas atitudes, nossas ideias, nossos planos e até nossa forma física. Ah, os planos, se não fossem eles, não teríamos feito absolutamente nada.

A cada dia a vida cobra mais de nós, quer seja em relação às alternativas acertadas, ou em relação às erradas. Se tivermos mil oportunidades diferentes, nenhuma delas no levarão ao mesmo lugar. Cada uma traz consigo um detalhe, um elemento decisivo que termina em outro, em outro, e daí por diante. Por isso é tão importante sabermos o que queremos para vivermos o que é mais importante e que jamais se repetirá. Nada é eterno. Que bom, assim podemos nos renovar, melhorar, crescer e depois morrer. Morrer não só fisicamente, mas morrer para nossos erros, nossas falhas, nossa ignorância e nossa inoperância.

Talvez o "Felizes para sempre" esteja acontecendo agora e estamos deixando este agora passar sem nos darmos conta, sem aproveitar, enquanto o sorvete desliza sobre o creme de chocolate. Ambos derretem e podem perder a consistência, que os fazem únicos. Não há como parar o tempo nos melhores momentos de nossa vida, assim como não há como evitar que ele, o tempo, não mude tudo a nossa volta. Surge um sentimento de solidão só de pensar que podemos chegar ao final de nossa existência sem as pessoas que conviveram conosco em todas as nossas fases, nas rodas de amigos, nas reuniões de família, nas oportunidades em que cruzamos com pessoas e elas passaram a participar de nosso dia a dia. Dá medo viver num mundo onde tudo é imprevisível, onde não é sensato optar pelo sensato, mas sim pelo que é mais oportuno e está mais à mão. "Todo mundo é parecido quando sente dor", já dizia a velha canção no rádio, no entanto não é somente na dor, mas também nas perdas, nas despedidas, nas separações e na divisão. E dividir é dar lados para o que um dia já foi inteiro.

O tempo participa de tudo, como um observador voraz que vai tragando tudo ao redor e tornando os segundos presentes em passados remotos. As tecnologias, o mercado consumista, a pressa em chegar à frente de todo mundo e principalmente a ansiedade têm transformado a humanidade num ciclo descartável. Hoje, já não sabemos quais valores devemos seguir. Se ainda é lícito optar pela honestidade, se vale a pena brigar por alguma ordem ou se a justiça realmente é comum para todos. A humanidade ainda se mata pelos mesmos motivos, mas também morremos por tantas outras causas. A solidão atual da cidade grande aumentará com o passar dos anos, e nem mesmo a saudade resistirá, uma vez que a novidade é o apelo pelo qual seguimos nossa caminhada, sem notar os que passam por nós. Nunca os solitários estiveram tão em evidência como hoje; nunca ouvimos falar tanto em depressão como agora; nunca tantos brinquedos foram esquecidos tão depressa. Dá medo do tempo, mas é ele quem define nossa aparência na frente do espelho, não se importando se gostamos ou não de nossos cabelos brancos, de nossas rugas, da perda do sono na madrugada e da solidão das horas.

Ainda vale a pena tentar e mudar o teto que nos cobre, a ansiedade que nos mata, a pressa que nos faz cegos diante dos detalhes mais importantes. Ainda dá tempo de amarmos as pessoas que nos cercam de carinho, dos amigos sinceros que nos atendem quando mais precisamos de um ombro, na caridade das pessoas e até na gentileza de desconhecidos. Ainda dá tempo de nos perdoarmos, de nos desculparmos as falhas cometidas, as decisões não tomadas, os braços cruzados, antes mesmo de eles se cruzarem diante de uma plateia que cochichará e avaliará se fomos ou não felizes.

Se o "Felizes para sempre" é hoje, então é melhor não perdermos esse trem que sai agora, como os que perderam a juventude sem saber que estavam abrindo mão do que lhes havia de mais bonito. Assim, saberemos se daqui a dez anos nossa existência terá valido a pena para alguém, e se quando partirmos deste mundo, esse alguém se lembrará de nós com saudade ou como um banner anunciando o final de uma promoção.

Sejamos felizes agora, antes que seja necessário inventarmos comprimidos de felicidade para combater a tristeza. Porque melhor do que entendermos que viver realmente vale a pena, é não nos viciarmos em comprimidos, que nunca nos darão tudo o que necessitamos.

O que seremos daqui a dez anos?

Felizes. Certamente, felizes.

Ainda dá tempo

Às vezes, não ficamos nos perguntando até onde seríamos capaz de ir por um sonho, por uma realização profissional, por uma realização pessoal ou por um sentimento? Todo mundo já se fez essa pergunta. Mas se alguém não teve essa curiosidade, pelo menos já teve uma resposta, no exato momento em que percebeu que seus passos foram mais além do que havia previsto. Não dá para medir os limites do ser humano, nem prever os louros que cada um conseguiria ao final de uma jornada de dedicação e abdicação. São essas atitudes que nos tornam fortes todos os dias, por meio da crença, esperança e certeza de que não há nada nem ninguém que nos impeça de realizar nossos sonhos e desejos, senão Deus.

Todos nós viemos de uma mesma fonte. No entanto, em determinado ponto, as linhas cardeais dividiram-se para que cada um encontrasse seu espaço, e as oportunidades se espalhassem e criassem raízes. Raízes essas que fizessem as boas ideias se perpetuarem.

Um passo mal dado não é o fim do caminho, nem o passo certo, por isso desistir sem ter chegado à metade do caminho, muitas vezes, antecipa uma situação que nem poderia ser o final. É certo que não se pode prever tudo, mas cancelar um sonho, uma vontade, ou até mesmo a realização de uma meta, por causa de prováveis consequências e circunstâncias, é colocar ainda mais obstáculos onde eles já existem naturalmente. Vivemos num mundo onde a concorrência e a competição são estimuladas desde os primeiros anos de vida, porém como explicar que tenhamos sobrevivido, quando menos podíamos nos defender? Toda fase deve ser superada, assim como todo obstáculo deve ser ultrapassado.

Muitos acreditam em destino, outros, na própria sorte. Eu, porém, prefiro acreditar no trabalho. Quanto mais trabalho, mais sorte eu tenho e mais sou capaz de influenciar meu destino, por todas as coisas que serei perfeitamente apto para realizar. Tudo é uma questão de conceito e do quanto somos capazes de fazer para que as coisas de fato se realizem em nossa vida.

Ao longo de nossa existência, conhecemos pessoas, e elas vão se posicionando em nossa vida de uma maneira muito estratégica. Algumas como aliadas, que nos ajudarão a crescer, a desenvolver, a argumentar e a nos defender. Outras, como motivadoras, que provocarão o nosso raciocínio, fortalecerão os nossos músculos e nervos, além de nos mostrarem o posicionamento que devemos ter diante dos fatos. Essas pessoas merecem de nós nosso mais caloroso agradecimento, por nos fazerem ver o que levaríamos tempo para notar. Sem contar que, sem essas pessoas, viveríamos completamente alienados no mundo que existe a nossa volta e que só percebemos quando somos conduzidos ao limite, quando quase beiramos o abismo.

Voltar ao passado para poder corrigirmos o que fizemos de errado ou que deixamos de fazer é desfazer o ensinamento que o erro pode nos dar. Por isso não há caminho certo ou errado, o que há são ensinamentos que não levaremos para outro lugar, a não ser para onde estamos e com quem estamos. Bom mesmo é aproveitar as inúmeras possibilidades que todos os dias a vida nos mostra, diante dos outdoors que passam por nós e não percebemos. Nada é totalmente bom nem totalmente ruim que não tenha nada a nos ensinar. Deixar de acreditar na própria capacidade é sabotar a si mesmo, é ir contra a si mesmo. Não dá para se garantir por meio do sucesso dos outros, nem ficar imaginando que a maçã cairá aos nossos pés, como caiu nos pés de alguém. É você quem tem de cair e levantar, senão passará fome. O sucesso que tanto desejamos precisa ser exclusivo e vir de nosso esforço e do quanto desejamos que algo aconteça.

Quando quisermos algo de verdade, não fechemos os olhos para ouvir palavras de fracasso de alguém que não conseguiu se realizar e se apresenta cheio de pessimismo. Levantemos, ainda que não tenhamos forças, e caminhemos mais um metro. Coloquemo-nos à prova, não desistemos, não paremos. É preciso persiguir o sucesso até que ele se canse de resistir. Ainda é tempo de mostrar a que viemos, sem ser preciso o fracasso de ninguém.

Ainda há tempo. Adiantemos nosso relógio em uma hora e não deixemos o tempo passar entre os ponteiros. Ainda há forças para mais uma caminhada. Mais meia hora de suor nos dará um prazer enorme no final do percurso. Isso fará bem para nossa alma, nosso corpo, nosso crescimento pessoal. Acreditemos mais em nós memos. Não deixemos de evoluir. Não deixemos que nada atrapalhe nossa visão. Mudemos de lugar se for preciso, mas não deixemos de estar na primeira fila. O primeiro passo, antes do próximo, foi promovido por nós mesmos, foi assim que aprendemos a caminhar. Todos os demais foram por outros motivos. Pensemos bem nisso e chegaremos à conclusão de que alguma coisa está faltando. E se chegarmos a essa conclusão, de fato, tenhamos a certeza de que é nosso instinto de sobrevivência nos dizendo para não duvidar de nossa capacidade.

Se num dado momento, percebermos que o chinelo ainda não gastou por completo, significa que ainda não chegamos ao final do caminho.

Acordemos, que ainda dá tempo.

O líder sustentável

Ainda não apareceu o Gandhi da sustentabilidade, nem o
Mandela da biodiversidade. Não apareceu nenhum
Martin Luther King para a mudança do clima.
Mas não basta um no mundo.
Tem que ter aos milhões, em todas as atividades.

(Fernando Almeida)

No cenário atual, tendo em vista a importância da sustentabilidade, do reaproveitamento de materiais e da reciclagem, assim como a importância do combate a qualquer tipo de desperdício, torna-se inevitável a caça desenfreada por recursos humanos que ajudem a coordenar o melhor aproveitamento das ideias, a praticar lideranças mais justas e descentralizadas e a manter o olhar das pessoas sobre uma necessidade que não é modismo, mas sim uma mudança de atitude.

O líder sustentável é aquele que nos momentos mais difíceis aparece com a solução, ainda que simples, mas ousada, e faz com que as pessoas vejam e reflitam que reclamar das coisas que não mudam não é a melhor saída. Ele é proativo, dinâmico, otimista e realista. Diante dos fatos complicados, para e analisa antes de apresentar uma sugestão, e oferece caminhos alternativos para se chegar pelo menos à beira da estrada.

Em uma situação de crise, as pessoas esperam alguém que tome uma iniciativa, dê um direcionamento para a solução do problema, apresente pelo menos a justificativa de ter tentado resolvê-lo, ainda que algo tenha dado errado, e não alguém que fique culpando as circunstâncias pelo ocorrido. Um líder sustentável pensa no todo, na visão geográfica dos negócios e também nas pessoas com as quais ele contará para realizar o trabalho. Um líder sustentável apresenta resultados consistentes e conquista a atenção das pessoas para deixarem de olhar para si mesmas e passarem a olhar para frente, para o futuro.

Segundo Luiz Carlos Cabrera, professor da FGV-EAESP: "O líder sustentável, tem como base quatro componentes fundamentais: 1. Ter foco no resultado economicamente viável, justo e que promova a perenidade do negócio; 2. Promover ações socialmente responsáveis com foco no crescimento das pessoas; 3. Promover ações culturalmente aceitas, praticando e zelando pelos valores da empresa; 4. Atuar em todo o ambiente de forma ecologicamente adequada".

Como podemos notar, o papel do líder sustentável é gigantesco e cresce à medida que os problemas também se agigantam e carecem de atitudes que tornem a iniciativa uma meta a ser atingida, por mais que seja solitário o caminho.

Focar no resultado economicamente viável é procurar recursos que ofereçam soluções interessantes, ainda que o resultado não seja imediato. Recursos que promovam formas e meios que tirem as pessoas de sua zona de conforto e mostrem a todos que reduzir certas despesas é vantajoso para a empresa. Atitudes tais como reduzir o consumo de papel, de energia, e manter a limpeza das áreas em comum dos escritórios, evitando o desperdício de produtos de limpeza, que, além de caros, levam para o meio ambiente resíduos que prejudicam os leitos dos rios e a vida do ecossistema, são muito importantes.

O líder sustentável sabe que não chegará ao pódio sozinho. Para isso, ele precisa manter as pessoas estimuladas para o acompanharem nessa empreitada, não hesitando, muito menos duvidando da força que todos juntos conseguem ter. Ele deve despertar o interesse das pessoas de crescerem e de trazerem soluções produtivas para o ambiente de trabalho, para assim conseguir o comprometimento de todos, em grande escala, do maior para o menor, do mais humilde ao mais articulado. O líder sustentável não separa, não exclui, não privilegia. Pelo contrário, estimula a criatividade, incentiva as boas ideias e valoriza o resultado, alcançado por mérito de cada um da equipe.

Talvez a iniciativa seja o item mais importante de todos porque ela é a fonte da busca pela solução. Se as pessoas não estiverem motivadas a seguir uma alternativa positiva, de nada adiantará economizar em coisas que mexem apenas com o financeiro. Há um lado intangível que é a colaboração das pessoas. Esse é um comprometimento que não tem preço, e que faz a maior diferença no final do processo.

Ser sustentável também é questão de educação. Devemos aprender e ensinar as normas que precisam ser seguidas na busca da sustentabilidade. É preciso deixar claro que essa será a missão de todos. Deve ser encarado como um grande valor a ser assumido a partir do momento que o colaborador adentra os portões da empresa, que não abrirá mão do compromisso a ser estabelecido no momento da contratação. É uma ordem ter de manter o zelo pela propriedade, pelos processos e pelas pessoas que serão encontradas pelo caminho. Assim como também é uma ordem ter de respeitar cada um individualmente, e proporcionar um ambiente saudável, sem qualquer tipo de preconceito, seja de raça, credo, capacidade intelectual, moral e sexual.

Um líder sustentável consegue olhar para todos e enxergar, em cada um, um talento especial, e trabalha nele e com ele, como se fosse uma argila informe e sem valor aparente, até que o barro esteja amassado, moldado, assado e pronto para ser usado como uma louça útil entre todas as outras. Infelizmente, muitas empresas medem seus profissionais pelos resultados de curto prazo, excluindo qualquer chance de avaliar e de chegar à conclusão de que nem todos os profissionais de sucesso cursaram os melhores colégios, nem tiveram as melhores oportunidades para desenvolver suas aptidões.

A sustentabilidade está no foco das atenções no meio organizacional. A todo momento, somos parados por uma campanha, por uma ideia, por uma ação mais consciente de consumo e corte de gastos, que mudam o percurso que estava sendo traçado.

O que levou as empresas a despertarem interesse sobre o tema da sustentabilidade, segundo Luiz Eduardo Loureiro, diretor da Monteiro Associados Consultoria Empresarial e especialista em gestão empresarial, em entrevista dada à professora Rita Alonso, foi a própria exigência do mercado. Ele diz: "A sustentabilidade tem se inserido nas empresas por vários motivos, entre eles destaco as exigências normativas e legais, a exigência do mercado consumidor através das campanhas de consumo consciente, e também como parte de campanhas de marketing que visam à melhoria de imagem ou reposicionamento da marca".

Felizmente, hoje as pessoas estão mais conscientes do que estão levando para casa. Já não aceitam produtos fabricados por meio de marketing isolado, que estimula o consumo alienado, mas sim optam por aqueles produtos que trazem implícita a preocupação com o meio ambiente, com a saúde e com a origem da vida. Isso provoca uma ação imediata nas empresas, que investem dobrado para agradar a um público exigente que manterá os mesmo planos de consumo do passado, por mais tempo, porque almejam viver mais e melhor.

Inevitavelmente, isso mexe com todos, consumidor e produtor, uma vez que a película que separa um do outro é muito tênue. Basta entrar no supermercado para sentir como as pessoas escolhem os produtos dando preferência àqueles que não agridem a saúde, nem o meio ambiente.

As organizações estão atentas quanto às novas gestões que estão surgindo a partir desse ponto de vista. Não estão aguardando que uma provável crise apareça para poder tomar as decisões certas, procurando aliviar antecipadamente os impactos negativos que a falta de uma visão da sustentabilidade pode causar. O que é certo é que, num futuro bem próximo, as empresas que não aplicarem e não embutirem em seus produtos essa preocupação com a ecologia, o meio ambiente e a sustentabilidade, vão perder credibilidade e mercado. "O custo do cuidado é sempre menor que o custo do reparo", afirma Marina Silva, ex-ministra do Meio Ambiente.

As pessoas que convivem com o líder sustentável se tornarão mais conscientes da missão, mantendo o foco no resultado e trabalhando com mais entusiasmo.

A satisfação pelo trabalho, movida pela paixão pela empresa, não é algo alienado, mas possível. Há muitos colaboradores que são movidos pelo comprometimento com a empresa e se identificam com aquilo que fazem com toda paixão, e agem como se de fato aquela empresa fosse sua. Assim se esforçam, vibram e se contagiam com os resultados que vão sendo construídos.

Esses colaboradores também são capazes de se comprometer e cuidar de tudo o que diz respeito ao meio ambiente. Mas esse assunto descreve também uma necessidade de educação e conscientização que deve partir da sociedade, da escola e também da empresa. Estamos ainda em fase de entender melhor o que é ter uma educação para a ecologia e o meio ambiente. Há todo um trabalho a ser feito dentro da empresa e fora dela para promover ações que zelem por tudo que faz parte do mundo e do universo, porque é nele que viveremos como se fosse nossa casa, nossa moradia. É urgente a tomada de atitudes que viabilizem os recursos disponíveis na natureza, buscando alternativas para que tragam benefícios agora e sejam preservados para o futuro, pois estudos apontam que estamos consumindo mais do que a terra pode produzir.

Atitudes sustentáveis transformam as pessoas, incentivando-as a serem conscientes da responsabilidade de zelar por tudo aquilo que consomem. É necessário mudarmos o itinerário da viagem que nos vicia a olhar só para nós mesmos, fazendo-nos enxergar as coisas como se tudo fosse para consumir, sem mirar horizontes futuros. É necessário ampliarmos nossa cultura sobre o comportamento consumista, entendendo que não economizar não é apenas um prejuízo para a empresa, mas um prejuízo para nós mesmos, para a humanidade e para o planeta. A pessoa que tem uma postura sustentável não se acomoda facilmente e não repete os mesmos erros. Felizmente, o mundo parou para ver que o caminho que estava seguindo levaria à extinção da raça humana. Um caminho de atitudes extrativistas, que tiram da terra sem repor a ela a sustentabilidade da qual precisa. Tornou-se evidente nas mãos do homem o facão que dilacera matas inteiras para colocar no prato grãos geneticamente modificados, dos quais ainda não sabemos os males que trarão.

O executivo deixou de ser um mero executor, que repete processos antigos e ultrapassados, para escrever tardiamente uma enciclopédia de ações positivas a serem lidas pelas gerações futuras. O amanhã será um bem de todos, muito melhor e mais bonito, se soubermos dele cuidar.

Os passos para o sucesso

*Aprendi a contar até dez, apesar de
só ter nove dedos, que é para não cometer erros.*
(Luiz Inácio Lula da Silva, ex-presidente da República)

Quantos de nós acreditam que o sucesso é um acaso? Mas se o sucesso não acontece, torna-se um carma que precisa ser superado. Inúmeros de nós pensam assim. Nem vou ater-me à definição do que seria o sucesso para não ficar repetitivo, no entanto vale ressaltar que, dependendo para onde vamos, conseguir o sucesso já será uma carona.

Cada um de nós veio a este mundo com uma missão. É certo que uns mais que outros, mas ninguém veio até aqui a passeio. E, se veio, começou por um lado, por onde poucos começarão. O importante é que ao que chamamos de sucesso, muitos chamarão de prosperidade, outros de fama, de dinheiro, enfim, vários sentidos para a mesma palavra. Há também quem diga que sucesso é ter a sorte de não ter de trabalhar um só dia na vida. Bom, assim como a palavra sucesso, a palavra "preguiçoso" pode ter inúmeras definições.

Sucesso mesmo é quando, no final, chegamos ao ponto para o qual miramos a ponta da flecha. Mesmo depois de cruzar inúmeros obstáculos e ter reduzido a velocidade ao longo do caminho, chegamos ao objetivo no tempo certo. Não se pode medir a dimensão, tampouco a importância do sucesso. Cada um verá o sucesso de uma forma pessoal e assim se dará por satisfeito pela vida que teve.

Para muitos de nós, que dependemos de nosso trabalho para viver e para colocar os planos em prática, o sucesso é conseguir terminar o ensino médio dentro do prazo. Ter a sorte de passar, nem que seja em último lugar, no vestibular, e conseguir cursar a faculdade escolhida até o último ano. Depois, passar pela seleção, que eliminou uns trezentos candidatos por vaga, e no final conseguir sentar-se numa cadeira de frente para uma parede branca e esperar ser reconhecido.

Mas, o sucesso não para por aí não. Ele continua na compra do primeiro carro, na primeira viagem para o exterior, na aquisição do primeiro apartamento, e permanece sendo sucesso, mesmo quando uma gravidez indesejada atrasa o percurso entre a pós-graduação e o mestrado. Mesmo assim, com os planos adiados, redescobre-se que sucesso mesmo é ter chegado antes dos trinta com a família completa.

Em poucas palavras, pude descrever o que seria o sucesso para muita gente, mesmo para aqueles que se mantiveram na batida perfeita até o final do trajeto. Sucesso será ter passado por todas as artimanhas do destino até o final da curva, onde tudo para ou segue em frente.

Cada pessoa, de acordo com sua necessidade, vê seus sonhos seguirem, mudarem ou pararem de acordo com a força que coloca para alcançar o sucesso. O que muda é o quanto cada um se acomoda ou desiste de continuar tentando. Mesmo assim, o sucesso não termina. Muitas vezes, ele se converte em frustração, em lamento, em algo que a pessoa levará a vida inteira para justificar por ter se acomodado, enquanto muitos continuaram seguindo.

Aprendi a tolerar os medíocres; afinal, Deus deve amá-los, porque fez vários deles. (Abraham Lincoln)

Assim como todos nós temos um significado diferente para o sucesso e para as coisas que nos satisfazem, cada um terá consigo a capacidade de solução de acordo com os problemas.

O que pode parecer problema para uns, pode ser um pequeno tropeço para outros. No entanto, se não fosse pela quantidade de força que temos nos braços, os problemas nem existiriam, porque já teríamos aplicado o antídoto que converte todas as dificuldades em soluções instantâneas.

O sucesso começa desde criança, quando nossos pés, sustentados pela ponta dos dedos, fazem-nos debruçar sobre o balcão, apontando o doce de leite escondido atrás do pacote de biscoitos. A partir daí, não paramos mais de apontar. Parece que se torna um gesto mágico que passamos a repetir até a velhice, quando os dedos já trêmulos apontam para a prateleira de remédios ao lado da geladeira. Tudo é uma questão de ótica e de tempo, e à medida que os anos passam, damos valor a coisas que antes tinham menos importância. Talvez porque nos damos conta de que a disputa travada anos a fio entre nosso corpo e o tempo, não vale mais a pena. Chega uma hora que um vence o outro e o sucesso será chegar ao céu, com direito de ficar por lá por toda a eternidade.

Um pedaço de papel, às vezes, tem mais serventia do que nossos planos, uma vez que quando tudo está prestes a acontecer, vem uma revirada e muda tudo. E, basta uma pequena pausa para descanso, que a rota volta a ser inteiramente retomada e recalculada. Não há passos incertos. O que há são sapatos furados que não nos permitem continuar o percurso.

Mesmo diante das adversidades há pessoas que encontraram o sucesso, apesar de seus limites.

Beethoven, por exemplo, compôs Fidélio, sua única ópera, quando dependia de uma corneta para atenuar sua surdez.

A vida fez de Abraham Lincoln um homem bem familiarizado com as decepções. Aos 23 anos, ele tentou um cargo na política e perdeu. Aos 24 anos, abriu uma loja e não deu certo. Entre os obstáculos, teve um colapso nervoso, disputou as eleições para o senado, para a presidência e, finalmente, foi eleito presidente dos Estados Unidos, aos 51 anos de idade.

Nelson Mandela, Madre Teresa de Calcutá e muitos outros conseguiram conquistar o respeito do mundo apenas tomando atitudes que beneficiaram os outros em primeiro lugar, mesmo que se submetessem a sacrifícios próprios.

Outros, próximos de nossa realidade geográfica, como Nelson Bueno, de engraxate a doutor, hoje é acionista e controlador da rede Amil.

Sílvio Santos, um dos maiores comunicadores deste país. Como camelô, ele já era um empresário. Mantinha três funcionários. Um ficava olhando quando vinha o rapa. O outro cuidava do estoque de canetas e o terceiro funcionava como farol. Ele chegava de 15 em 15 minutos e dizia: "Gostei da caneta, me dê uma", chamando a atenção dos clientes.

Como vemos, todas essas pessoas não tiveram as facilidades que justificassem seu sucesso, assim como tantos anônimos que ganham a vida fazendo o melhor que podem. Muitas vezes, costumamos justificar o sucesso de uma pessoa tendo como base as condições de vida que ela teve. No entanto, essa pessoa, antes de ver um problema, ela viu uma oportunidade.

> *Quero o topo, faço qualquer coisa para chegar lá. Até dançar rumba vestido de havaiana, se for preciso.* (Sílvio Santos)

O sucesso está na base daquilo que planejamos e não desistimos de acreditar. Nada que vem sem obstáculos costuma durar o tempo que deveria, tampouco resulta naquilo que esperamos. Ter amigos, por exemplo, pode ser um fator importante para o sucesso. Há uma estratégia muito proveitosa, quando se parte do princípio que acumular esse tipo de patrimônio pode ser uma estratégia de logística que nos faz chegar mais longe do que poderíamos imaginar. Enquanto muitos anseiam pelo dia em que a aposentadoria vai chegar, achando que é deixando de trabalhar que serão felizes, outros ficam acordados, se perguntando a que horas começará o dia seguinte, para terminarem o que não deu para concluir no dia anterior.

*Quem tem hobby é gente que não
gosta do trabalho que faz.* (Luciano Huck)

Deus mora nos detalhes, assim como a sorte habita no trabalho. A alegria de gostar tanto do que fazemos não tem muita explicação. Quando gostamos do que fazemos até mesmo o esforço e o suor nos causam alegria. Falar com Deus sai mais barato que qualquer telefonema, e nesse caso o trabalho torna a conexão mais direta com Ele. Ver sentido no trabalho que realizamos nos ajuda a ser feliz. Ninguém faz nada melhor do que todo mundo junto, e saber trabalhar com pessoas diferentes, em equipe, fazendo com que todos alcancem juntos o resultado, é compreender que o sucesso se traduz em esforço individual, somado com a participação de todos.

Quando perguntei a algumas pessoas qual ponto forte elas ressaltariam como fundamental para alcançarem o sucesso, algumas afirmaram que a sorte e a oportunidade seriam os pontos principais. Outras afirmaram que a competência seria a chave para a realização de todos os sonhos. Eu acredito em ambas as respostas. Acho que o sucesso envolve um pouco de sorte para gerar oportunidades; por outro lado, a oportunidade sem competência é pura falta de sorte. No entanto ainda ressalto que o envolvimento com pessoas é o segredo de tudo. Ninguém chega a lugar algum sem elas e, ainda que chegasse, quem valorizaria o sucesso? "Ser normal é a meta dos fracassados!", segundo Carl Jung. Imagina o que ele diria sobre o fracasso.

Eis uma atitude fundamental para se obter o sucesso: enfrentar o problema e não descansar enquanto não resolvê-lo, ou tratar de superá-lo. Olhar para um defeito e não se deixar abater até vê-lo convertido, revertido, solucionado. Tudo começa pela insistência, pela teimosia de transformar as ocasiões em oportunidades. Até nos amores impossíveis, a melhor alternativa é esperar pelo passar do tempo.

Uma coisa é certa: os bons vencedores não ficam parados e não imitam os perdedores que choram. Eles são capazes de ver no trabalho uma etapa do jogo a ser vencida e, de etapa em etapa, vão subindo os degraus. Por isso, quem alcança o sucesso não se deslumbra facilmente com o resultado. Tudo veio com esforço e dificuldade. Às vezes, é preciso um tempo enorme até que as mãos parem de repetir os gestos de empurrar a pedra morro acima.

Nem sempre o que pedimos é aquilo que a vida nos dá. No entanto, não é isso que tira dos vencedores a alegria de continuar tentando até que se esgotem todas as possibilidades. Muitas vezes, para obter o sucesso é necessário ter a paciência que o mineral teve para virar diamante. Independentemente da potencialidade e da visibilidade do sucesso, ele será sempre, para nós, em nosso íntimo, como o diamante que brilha. Pode ser pequeno, pode ser grande, o importante é que ele brilha. É como a felicidade, que quando acontece, não tem tamanho, mas sempre brilha em quantidade suficiente.

Não é mérito, mas, pela primeira vez na história da República, a República tem um presidente e um vice-presidente que não têm diploma universitário. Possivelmente, se nós tivéssemos, poderíamos fazer muito mais.
(Ex-presidente da República, Luiz Inácio Lula da Silva)

Precisamos de homens corajosos que ensinem o verdadeiro sentido do sucesso uns aos outros. Só assim irão descobrir que não é matando, nem roubando, nem trapaceando, que alcançamos o mérito de chegar e vencer. Há guerras que não vencemos nunca. Superar a fome, a sede, a dor e a maldade já é um indício de que somos fortes, dotados de capacidade para vencer.

Na vida pessoal, no mercado de trabalho e no mundo corporativo, não são os momentos de crescimento econômico e de abundância de emprego que forjam os melhores profissionais: são os momentos de crise e de dificuldades. (Carlos Prates, professor, escritor e consultor empresarial)

Para falar bem a verdade, nem todo mundo nasceu para vencer, talvez seja por isso que o sucesso se pareça tanto com algo difícil de ser alcançado, no entanto ele serve de ensinamento para os que o perseguem até morrer. Afinal de contas, há uma enorme vantagem em morrer vencedor, ou você já leu o nome de algum fracassado em placas de ruas? Sorte, talento, oportunidade, competência, perseverança, teimosia e fé. Podemos definir de várias maneiras o sucesso, mas, com certeza, ele sempre é alcançado por meio da mistura entre suor e trabalho.

Por mais que encontre dificuldades pelo caminho, não desista. Saiba que o campo da derrota não está povoado de fracassos, mas de homens que tombaram antes de vencer. (Abraham Lincoln, 16º Presidente dos Estados Unidos)

Os passos para o sucesso são dados com sapatos de couro fino, mas de uma resistência incrível. Essa resistência está na inteligência de quem sabe diferenciar o importante daquilo que tem falsa aparência. O que os olhos veem pode não ser verdadeiro. O sucesso apenas pelo dinheiro pode ser coisa passageira. É preciso ter humildade para reconhecer-se fraco primeiro, antes chegar mais longe. E a humildade não faz mal a ninguém, ela pode ser a base que sustenta o que está lá em cima.

Manter o otimismo, apesar das dificuldades, sonhar muito mais que a realidade permite e jamais duvidar, achando que as lágrimas são sinônimo de derrota, são virtudes que nos levam a descobrir o rumo a tomar, para chegarmos ao final de cabeça erguida. Ao contrário do que pensam os que amaldiçoam as frustrações, elas podem servir de ponto de partida para rechear a vida de histórias bonitas, sabendo que elas ficaram para trás por causa da força de vontade que vai continuar nos levando para frente durante a vida inteira.

Conclusão
O que devemos levar desta vida?

Diga espelho meu, se há na avenida
alguém mais feliz que eu...
(Didi / Mestrinho)

O que levar desta vida? Não seria apenas o que for possível viver? Não, felizmente não é. A vida não seria apenas o resumo de uma ópera, em que podemos escolher a melhor parte, nem o trecho de um livro em que grifamos a melhor frase. O que levamos desta vida é o legado que deixamos em cada oportunidade que temos, em cada experiência que trocamos uns com os outros e, principalmente, em cada decisão que tomamos.

Na vida corporativa, os desafios são inúmeros e cada degrau da escada precisa ser vencido a todo momento. Por isso é que muitas vezes parece tão difícil a carreira do executivo. Escalá-la requer esforço físico, racional e emotivo, e não tem como não pesar o impacto que isso causa sobre nossas emoções. Nossas escolhas determinam o lado em que nos sentaremos e por quanto tempo permaneceremos lá. A dedicação com que fazemos um trabalho, a prestreza em não entregar nada que não tenha exigido o melhor de nós e o reconhecimento alcançado valem muito mais que muito aumento de salário.

É certo que não conseguiremos resolver todos os problemas de uma hora para outra, como num clique do computador, e que ao longo do caminho nem todas as pessoas que conhecemos nos acompanharão ou estarão torcendo por nós, no entanto não poderemos negar a importância delas ao longo de toda a trajetória, ainda que algumas delas se tornem exemplo a não ser seguido. Para o bem ou para o mal, nossas experiências é que nos fizeram o que somos hoje. E aquilo que deixamos de lado para pensar depois, ficou esquecido como coisa do passado.

Tudo na vida passa depressa. Tanto os êxitos, que nos mantiveram em evidência por algum tempo, quanto os fracassos, que muitas vezes nos abalaram, ficaram para trás. Ainda bem que há um prazo limitado, tanto para a alegria quanto para a tristeza, e isso é o que fortalece nosso coração e nossos sentimentos e nos deixa fortes para continuar tentando. Já caí na bobagem de mandar uma mensagem bem intensionada de "bom dia!" para alguns colegas de minha empresa, que caiu na caixa postal do presidente da companhia, e que me causou uma advertência dolorida, mas também já recebi prêmio por um projeto que gerou economia considerável para a instituição. Enfim, nossas experiências é que tornam todas as coisas válidas em nossa vida, e sem elas talvez não teríamos nos tornado a pessoa especial que nossos filhos acham que somos. E, por várias vezes, basta que somente eles pensem isso, para que a vida inteira tenha valido a pena.

As pessoas morrem, as estações mudam, as coisas acabam, os grandes momentos passam. Mais cedo ou mais tarde, tudo aquilo que fizemos de bom deixa de ter a devida importância e mais de nós será exigido. Os projetos que nos fizeram virar a madrugada para elaborá-los, as ideias mais incríveis que tivemos e até o ócio criativo, quando deveríamos ter mantido a mente desocupada, acabam sendo coisa do passado. A menos que tenhamos ido desta para melhor, pode ser que alguma coisa do que escrevemos ou fizemos sirva de referência no futuro para alguém. Até nossos erros mais memoráveis podem servir de positivo para alguém. E, acredite, um dia quando não estivermos mais por perto, alguém dirá que eles foram importantes. No mundo dos negócios, os grandes líderes querem cercar-se de pessoas que sabem mais porque erraram conscientes, e a tempo de converter erros em acertos, falhas em exemplos e ousadia em oportunidade.

Cada executivo, não importando o grau de qualificação e de referência para a empresa, já desejou ter o dom de prever o futuro. Talvez essa fosse a melhor virtude que poderíamos querer, depois da paciência, claro. No entanto, prever tudo já levaria a outro equívoco: o de não perceber que a experiência é uma equação que só dá certo se passar antes pela probabilidade de dar errado, e errar acelera a combustão das ideias que ajudam a desenvolver a carreira e a preparar para não errar duas vezes.

Um grande executivo só terá entendido parte de sua trajetória profissional quando perceber que até para se ter uma grande ideia se faz necessária uma reposição imediata por outra melhor, quanto mais para os erros inevitáveis. Não podemos perder tempo lamentando ou nos perguntando o que deixamos de fazer. Na hora de tomar uma decisão, precisamos decidir pelo mais importante e não pelo que dizem ser o mais urgente.

Pouco se fala sobre os sentimentos dos que estão por trás das decisões mais importantes. O que pensam, o que sentem, como se comportam as pessoas perante uma escolha. Será que uma percepção tardia não pode ser chamada de experiência? Somos realmente capazes de separar os sentimentos de uma decisão racional? Tenho certeza de que por trás de cada vitória há executivos vibrando com os lucros, feitos meninos marcando pontos em um jogo.

O que faz uma vida ser boa? Investir na reforma da casa ou realizar uma festa? Casamento ou amizades temporárias? O carro novo ou a viagem dos sonhos? O que faz uma vida ser boa não é apenas o que fazemos para que ela seja boa só para nós, mas também para as pessoas que amamos. O trabalho que realizamos e o sucesso que conseguimos não satisfazem somente nossos valores mais íntimos, como o status pessoal e os bens que adquirimos. Há outra e mais importante vantagem: chegar aonde chegamos com honestidade, dedicação e muita abdicação.

Tornar-se um executivo reconhecido é o sonho de todo aspirante à carreira. No entanto, a vida não é feita somente de projetos que dão certo. Há também grandes dissabores, desilusões e a vontade de desistir pelo caminho. Um bom executivo não pode esquecer que deve zelar por sua imagem, que deve respeitar a conduta ética e que deve respeitar seus colegas. Tudo isso faz parte dos alicerces que sustentam o sucesso e são escolhas inevitáveis. Ninguém pode dizer que alcançou tudo na vida se não tiver com quem partilhar. E só poderá compartilhar se cultivou boas amizades com as pessoas de seu convívio.

Não podemos confiar em quem não acredita que o trabalho seja uma grande fórmula de realizações, tanto materiais quanto humanas. Que somente o lucro final seja o mais importante de tudo. Da mesma forma não se pode dizer que o sucesso na vida corporativa depende apenas de quem comanda, de quem está no escritório, atrás de mesas suntuosas. É indispensável que quem manda tenha habilidades para exercer a liderança, exercendo suas funções com confiança, capacidade, inteligência, destreza, respeito pelos outros, por si e pelos que virão depois dele.

Será que um homem sentado nas areias do deserto nunca se perguntou se aquilo tudo fazia sentido, quando escolhera seguir a vida de monge? Da mesma forma, o homem que chegou ao final da vida cercado de tantos compromissos e obrigações, nunca se questionou o motivo de ter vivido tantos sacrifícios? Não importa. A única coisa que sabemos é que, diante das seis vidas que temos (pessoal, familiar, social, afetiva, profissional e religiosa), aquela que fará a diferença será tão somente a que nos permitir ser felizes, apesar de tudo.

Não posso negar o prazer que tive em escrever este livro e do aprendizado que foi transferir para o papel as experiências que vivi na prática, com todos os tipos de anseios, planos, ideias, frustrações, êxitos e conquistas. Resultados de uma vida, que por menor que seja, foi inteira.

Pode ser que no futuro seremos aquele velhinho simpático, de meias brancas, com a mente aberta, e com o coração tranquilo, fitando os olhos atentamente para o que foi realizado de bom. No entanto, é melhor que estejamos atentos para que quando isso acontecer continuemos ocupados, trabalhando naquilo que nos torna felizes, porque o sucesso continua a nos perseguir.

Sei que meu trabalho é uma gota no oceano, mas sem ele,
o oceano seria menor. (Madre Teresa de Calcutá)

Referências Bibliográficas

Covey, Stephen. *The 7 Habits of Highly Effective People*. Editora: Simon & Schuster.

Edler, Richard. *Ah, Se eu soubesse: O que as pessoas bem-sucedidas gostariam de ter sabido 25 anos atrás*. Negócio Editora.

Kazez, Jean. *O peso das Coisas: Filosofia para o bem-viver*. Editora Tinta Negra, 2011.

Perissé, Gabriel. *O leitor Criativo*. Omega Editora.

Carnegie, Dale. *Como fazer amigos & influenciar pessoas. Editora Nacional.*

Kotter, J. P. *Leading Change*. Bostom: Harvard Business School Press, 1996.

Prahalad, C. K., Hamell, G. *Competindo pelo Futuro*. Rio de Janeiro: Elsevier, 2005.

Chiavenato, I. *Os novos paradigmas*. São Paulo: Atlas, 2000.

Moscovici, F. *Desenvolvimento Interpessoal: treinamento em grupo*. Rio de Janeiro: José Olympio, 2001. p. 160).

Outra fonte: *Wikipédia – consultas, definições.*

Impressão e acabamento
GRÁFICA E EDITORA SANTUÁRIO
Em Sistema CTcP
Miolo: Supremo 250g
Capa: Chamois 80g
Rua Pe. Claro Monteiro, 342
Fone 012 3104-2000 / Fax 012 3104-2036
12570-000 Aparecida-SP